[日] 五百田达成 著

田梦凡 译

亲爱的，
幸福没那么难

察しない男、
説明しない女

北京联合出版公司
Beijing United Publishing Co.,Ltd.

献给所有追逐幸福的人们……

目录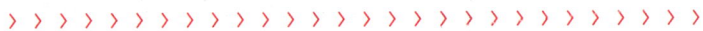

Chapter 03 婚姻篇 家里的女领导与男部下

Chapter 04　职场篇　当男人与女人合作的时候

| 前言 |

| 前言 |
来自不同星球的男男女女们

大家好！我是五百田达成。

很荣幸可以通过这本书和大家见面。我曾在出版社与广告公司就职过多年，这些工作让我积累了不少心理辅导方面的经验，因此，现在我想为大家提供职场及个人的人际交往咨询服务。

可能这样一段自我介绍会让人觉得不那么平易近人。其实说得通俗点，当你们觉得自己不被理解，与别人沟通有困难，或者遇到自己讨厌的人的时候，我会像翻译一样，协助大家沟通，帮大家解决人际交往中出现的问题，让大家能更融洽地与他人相处。

讲同一种语言的人还需要"翻译"？你可能觉得我在开玩笑。但是我们内心的"情感"岂是三言两语就能说得清、道得明的！因此，不深入交流就很容易被人误解，陷入交往困境。

举个例子吧，男上司在给女下属交代工作的时候说："这项工作这么简单，那就交给你了。"女下属会怎么理解这句话的意思呢？在大多数女下属看来，上司这是在看扁自己："你这种人就适合干这么简单的工作。"然而，上司真正想说的是："这项工作对你来说很简单，你应该很快就能完成。"这里的问题就在于，这位男士在讲话时，完全没有考虑过那位女士能否正确理解自己的意思。

不如我们再举一个更复杂的例子吧。

假设一男生十分好奇女友的前任，他思前想后，终于鼓足勇气开口问了她。但得到的答案却是"不大记得了"。女生可能觉得没必要回答这种无聊的问题，然而对于男生来说，这个问题其实意义重大。因为没有得到满意的答案，他内心的不安感逐渐增加，最终这个问题成为两人恋爱关系中的一个定时炸弹。

这个例子和上一个类似，不过这一次是因为女人不理解男人的想法。

除了恋爱，工作上的人际关系也和性别差异有着明显的联系。虽然很多人会说，工作与恋爱并无可比性，但当他们深入职场中的人际关系时，才发现人际关系竟也像男女关系那样纠缠不清。男友、老公、上司说了一些匪夷所思的话时，女人们大多会感到不解；女友、老婆、后辈做了过分的事时，男人们也会感到怒不可遏。对这类事感到无法理解，直接"举白旗"逃跑的人也不少。

但是相信我，并非只有你一个人为这些问题而烦恼。男女之间的交流本非易事，比与外国友人交流的言语障碍还麻烦。甚至很多人认为，男女根本来自不同的星球。

通常我们讲"邻国多战事"，正是因为两国文化"大同"与"小异"并存，两国因此更易着眼于"小异"而争执不休，导致摩擦不断。男女之间的关系也是如此，男女差异本就一言难尽，只是因为国籍相同，语言交流无障碍，就都自以为是地认为没问题，疏于沟通，最终难免导致工作、家庭上的矛盾重重，陷入"内忧外患"的地步。

明明是身边的人却无法相互理解，已经够令人懊恼的了，但有时候，事态竟然还会发展到更加糟糕的地步。事实上，这一切都是有原因的。人们发现，想要概括人类的复杂性，仅仅把人类分为男女两类是远远不够的，这根本没办法有效解决异性交流时所产生的矛盾。

因此，本书并未以传统生理上的性别来分类，而是像政治上区分左右翼一样，以人的认知方式、思维方式、表达方式为标准，对人进行心理上的分类，偏男人的归为男人，偏女人的归为女人。这也是为什么很多人无法和前面所列举的例子产生共鸣，有些人虽然性别是男性，却能与女属下沟通顺畅；有些人虽然性别是女性，对自己的前任的事却记得一清二楚。

既然男女分类不再以生理为标准判别，那么大家就会理解了吧：有的女人想法十分女人化，有的女人想法十分男人化；有的女人在职场上雷厉风行，有的女人沉浸在恋爱中小鸟依人。当然男人也是同样的道理。

　　我相信阅读本书后，大家都可以对自己的心理性别一探究竟。我在后面放了一个测试，帮助大家判断自己的心理类别，希望大家可以充分利用。

　　对自己的心理性别做到心中有数的话，接下来就可以"按图索骥"了。在沟通遇到瓶颈时，主动出击，了解"异性"的思维方式、行为模式和习性，掌握与对方交流的技巧，各种问题自然迎刃而解。在每一节的后面，我会详细介绍男女对话时比较典型的句型，大家可以像学外语那样现学现用，并在生活中时时找人练手。

　　以前学英语的光景相信大家都还记得，应试教育环境下，大家都是死记硬背，不在语法上追根究底，与异性交流也是这样。我们大可不必百分百地理解对方的想法。遇到不被理解的时候，或是受人冷落而感到不满的时候，咽下一口气，忍住不说气话，学着用本书中学到的技巧与对方沟通，相信一定会有意想不到的效果。

　　本书共四部分，第一章是基础篇，大家可以对男女之间的差异有一个基本的了解，后面还会有恋爱篇、婚姻篇、职场篇。大家也可以直接翻阅自己比较感兴趣的方面。

　　衷心希望这本书能帮助大家解决恋爱、婚姻和人际交往中遇到的烦恼。

—心理性别测试—
你是偏男还是偏女？

看看你是哪一个？（计算一下你所选的 A 的个数吧）

1. 当别人夸你时你希望对方说你：
   A. 好厉害
   B. 名不虚传

2. 你属于以下哪种类型？
   A. 沉默寡言
   B. 话多

3. 你想去看：
   A. 美国票房最高的电影
   B. 在欧洲广受好评的电影

4. 你不喜欢异性：
   A. 做作的态度
   B. 直接的告白

5. 你在工作时更在乎：

A. 出人头地和成就感

B. 自己无法被替代

6. 你更喜欢哪句俗语？

A. 功到自然成

B. 车到山前必有路

7. 客户投诉你，你第一反应是：

A. 不想被看扁

B. 不想让对方生气

8. 内心隐隐觉得：

A. 不想长大

B. 想变得更成熟

9. 以下哪个你更不擅长：

A. 游泳

B. 演讲

10. 好不容易放假了，你想去：

A. 时常光顾的店

B. 期待已久新开的店

11. 工作上出问题了你首先想到的是：

A. 跟上司报告

B. 和关系好的同事协商

12. 想买鞋的时候：

A. 会事前调查，然后再逛鞋店和柜台

B. 来回看了很多鞋子结果买了包

13. 对占卜的态度：

A. 讨厌

B. 喜欢

14. 闲暇时看书的话你会选择：

A. 实用性职场用书

B. 刻画人性的小说

计算方法

标出自己答题时所选的 A，再统计 A 的个数，在下一页里就可以找到自己相对应的类型。

你对应的是

测试结果

"超"男

心理性别非常男人化，如果你是女生的话，学生时代应该跟周围的女生很难处吧。

A在11～14个的人

男

心理性别男人化，如果你是女生的话一定性格比较爽朗，男性朋友居多。

A在7～10个的人

感觉如何？

　　这只是一个心理性别测试，即非生物学上的男女鉴定也并非性格测试。如果对自己的心理性别心中有数的话就让我们切入到实际场景吧。

女

心理性别女人化。如果你是男生的话，应该会跟女生比较聊得来。

A在4～6个的人

"超"女

心理性别非常女人化。如果你是男生的话，应该会觉得跟男人无法沟通，女人才是同类吧。

A在0～3个的人

Chapter 01

基础篇

男女大不同

|男人粗心，女人细心|

|男人理性，女人感性|

|男人活在纵向世界，女人活在横向世界|

|男人玩棒球长大，女人过家家长大|

|男人崇拜英雄，女人沉迷幻想|

　　男女间的差异如一条难以跨越的鸿沟。在这里我们并不是要
将他们一较高低，毕竟交流模式偏男人还是偏女人会受到各方面
的影响，如大脑的构造、心理特征及社会习俗等。

　　由于这条"鸿沟"过宽，有的人望"沟"兴叹，不知怎样才
能走进对方心里；有的人自以为理解而忽略对方；有的人只想着
如何改变对方，让对方符合自己的要求，这些方式无一不为以后
矛盾的爆发埋下了隐患。

　　本篇中，我会就对话、思考方式、审美、人际关系、价值观
等方面，一一阐述男女交流时的典型差异。了解男女的本质差异
后，再看男女恋爱、家庭、工作上的差异，相信大家便会有种恍
然大悟的感觉。

　　再一次欢迎大家，跟我一起探索男女之间错综复杂的关系。
现在，就让我们揭露他们言行举止背后隐藏的秘密吧！

男人粗心，女人细心

男女之间的区别是人们津津乐道的一个话题，最普遍的看法是男人比较粗心，女人比较细心。

的确，男人很难注意到别人的感情波动或者思想变化，简单点儿说，就是"情感白痴"。在职场中，男人也经常因粗枝大叶、不够细心而被人诟病。这样的人一般做事情不够专注，观察力不够敏锐，我们甚至可以断言，他们严重缺乏这方面的习惯和意识。

人的记忆本身就是记住与遗忘对立统一的，更何况男人一般都疏于观察，所以很多记忆也就似有实无。比如说，对有些男人而言，自己女友或爱人头发的长短是不需要记住的信息，也不是什么重要的事情。所以，明明她们的披肩长发已变为齐耳短发，也引不起他们丝毫的兴趣，哪怕知道有变化，也对其熟视无睹。

当然，这种倾向的出现也是有其"必然性"的。男人从小时候开始就被要求不能太斤斤计较，稍微细心一点儿，马上会有人跳出来说他成不了真正的男子汉。在传统文化潜移默化的影响下，人们公认的"男子汉大丈夫"往往是大大咧咧、不拘小节这种类型。而在这种氛围中成长起来的男人，他们的性格也就可想而知了，尤其是那些独生子，缺乏交际，也缺少刺激他关注他人的因素，使得他们这种特质更加明显。

与男人相比，女人对他人的思想感情变化观察得细致入微，并拥有男人所无法比拟的感知能力。女人身上的这种特质，似乎从远古时期就有了，比方说，被日本人熟知的、具有某种特异功能的人通常都是女儿身，尤以卑弥呼[1]最为典型。

一般认为，女人的感知能力超强，闺密之间的交流内容时常是她们眼中的"臭男人"所不能理解的。其实，从语言学角度来说，女人本身就有着非凡的天赋。研究表明，较男人而言，女人大脑中负责语言信息的区域活动更强，语言区的脑活动更活跃。简而言之，就是大脑的生理构造已经让女人有了得天独厚的优势。同时，女人跳跃性思维的能力更强，而男人思维更具指向性，也就是说，当女人思考另一个问题的时候，男人却还停留在上一个问题。因此，男人有时很难理解女人的想法，"对牛弹琴"的情

---

[1]　卑弥呼：日本弥生时代邪马台国的女王，关于她的真实身份有许多传说。

况也因此层出不穷。对于这种情况，女人要有心理准备。

其实，抛开内在因素，女人的这种特点与其社会角色也有着密不可分的联系。作为家庭里的贤内助，为了能与周围人和谐相处，她们要细心观察周围人的言行举止，当然，更要关注和自己关系最亲密的家庭成员的各个方面的情况，久而久之，"敏感细心"也就成为女人的代名词。反观男人，因其所具有的"游牧"性，他们更关注的是自然环境、气候、地形、地貌等状况。

在家庭生活中，女人的这种气场无处不在，小的时候，妈妈的关爱向来是无微不至。她们在厨房忙碌的时候，也不忘观察一下孩子的状态，时不时提醒几句，让人怀疑她们是不是有眼观六路、耳听八方的特异功能。同时，她们也在时时"监控"自己的男朋友或者爱人，即便是小小的"精神出轨"，也难逃其"火眼金睛"。

有一次，一位常年坚持社交舞运动的女性朋友和我说道："社交舞中起主导作用的是男人，女人只要对下一个动作、下一个脚步移动进行预判，然后积极配合即可。"虽然这有可能只是她的一己之见，但确实挺耐人寻味的。这似乎体现了自古以来被视为理想的男女关系——男人主导，女人协助。

可是，现如今的社会已发生了变化，女人地位的提升和独立意识的增强，使得男人无论是在职场中，还是在恋爱中，都已经失去了以往的主导地位。女人和男人以更为平等的方式交流，对于这种变化，女人显然缺乏足够的心理准备。对于失去"阳刚"之气的男人，女人要求他们也要和自己一样，做到细心、细致、细微。但是，想要男人立刻就能符合这个标准显然是不现实的。

　　男女之间的交流和沟通，从本质开始就出现差异，思维方式的南辕北辙更是扩大了两者的距离，而表达方式的不同则将一切问题直接激发出来。面对同样的问题，男人往往想得多，说得少，粗心地认为没什么重要的，而女人往往想得多，说得也多，纠结在每一个小细节。男人这样的表达方式，让女人常常无法得到她们想要的回应，并因此认为男人对她们不重视，这种不安感不仅不会很快消除，还会引起更大问题。因为男人说得少，若是得不到对方的回应女人往往会靠猜想来为自己答疑解惑，这种过度的幻想，让很多小问题慢慢发酵、膨胀，成为两人之间的大问题。

男女差异小图解

男人想的　　男人说的

女人想的　　女人说的

　　既然男女的差别已无可避免，那么相互理解与包容就成了必要的调和剂。我们就拿恋爱中的女孩来举个例子。当情侣度过相互小心翼翼地接触的阶段之后，在很多男人看来，女人似乎开始变得"蛮不讲理"，比如双方约会的时候，因为男人只顾着在一旁玩手机，女孩会突然沉下脸并且一言不发。迅速下降的气氛让男人一头雾水，但无论怎么样追问原因，也得不到女人的任何回答，接着，一场情侣间的"战争"就开始了。很多人或许都遇到过类似的情况，为了防止男女之间再次出现这种恶性连锁反应，怎么做才是对的呢？

　　其实，既然女人已经明白男人的粗心，那不如和男人直接说明自己生气的缘由，相信男人在听完女人的话之后，就会明白自己的问题，老老实实地放下手机，和对方共度美好的时光。

　　再者，有时女人为了获得安全感，为了让自己安心，也会一次又一次地问男人："你爱我吗？"而男人本来就不善言辞，无法把内心的情感用语言准确地表达出来，而且很多男人还存在"说不如做"的想法，不喜欢说些甜言蜜语安抚女人的心，最终造成女人的误解。

　　所以，若再次遇到这种状况，女人不妨稍微理解一下男人这种"沉默是金"的信条，而男人也应该对女人做出些表示，说出自己对对方的重视和爱意，在双方的理解和包容下，感情才会越来越好。

> **TIPS** 　新时代，新环境，必须建立新的男女关系，而
> 能够和谐相处的基础就是互相包容。

　　既然女人已经清楚了男女之间的差异，那么在与男人交流时，不妨多点耐心，也多些包容，既然对方不擅长同时处理过多的事物，女人可以直接在讲话中将重点突出出来，既避免了沟通不畅，也为自己省了力气。

　　同理，男人在与女人交流时，多用心去观察周围事物，捕捉对方的情感与思想变化，多表达自己内在的想法，这样才能为自己建立起和谐的男女关系。

男女小对话 任何时候都能用的话

♂：你今天看起来跟往常不一样呢。

　　要让对方明白你在留意她，很关心她。不怕说错，就怕沉默。如果此时得到对方的回应，那就得赶紧抓住时机，积极回应对方。

♀：今天……了所以心情……

　　厌倦了解释，感到心焦、烦躁的女人也要忍忍，毕竟还要继续相处下去，好好跟他们解释清楚，如果男人还不识趣，傻傻地问："你指的是××吗？"女人也不要忙着生气，不如想想上面提到的生理数据，毕竟他们本就如此，索性对他们"大人不计小人过"吧。

| 场景二 |

男人理性，女人感性

　　男女的差异在很大程度上受大脑结构部的影响。跟异性交谈时，女人大都会觉得男人死讲道理，而男人大都觉得女人过于情绪化。倘若我们能对男女的大脑构造一探究竟，相信会对理解男女差异有一定的启发。

　　普遍认为，在女人的大脑里，像电缆一样连接左右脑的"神经纤维"较粗，控制感觉的右脑与控制语言的左脑因而能更好地相互配合，而男人联系大脑左右半球的神经纤维要比女人细25%，这使得男人的左右脑交流不如女人顺畅，语言上也就不像女人那么伶牙俐齿。凭借这样的天赋，女人能将感受与语言自如地进行切换，这也能解释女人一般张口就来，说起话来滔滔不绝的现象。而且，女人讲话期间话题常是天马行空，转换十分迅速，讲到动情处潸然泪下也并不稀奇。

　　男人大脑的神经纤维较女人细，左右脑不能进行很好的协调，一次性能处理的信息量也较少，更专注于单一任务。男人大脑是模拟电路，在电路连接成功之前会集中注意力坚持不懈地调制，这也就造成了很多时候他们只能"一心一用"。

　　如果我们把大脑比作宽带电路的话，女人在性能配置上远高于男人，她们的"电缆"较粗，能够一次性处理大量信息。与此同时她们还自带高度灵敏传感器，这使得她们能捕捉到细微的变化与情感波动，怪不得人们常赞美女人心细如尘。

　　而另一方面，由于一次性需要处理的信息过多，也使得女人变得优柔寡断。比如在餐厅吃饭的时候，女人拿到菜单后往往犹豫不决，迟迟下不了单，此时一贯做事利落的男人多会感到不耐烦。其实这跟读取相片是一个道理，像素越高，加载越慢，虽然映入两人眼帘的是同一张菜单，但女人大脑捕捉到的"像素"远高于男人，需要"加载"的时间也就更长。

　　不过，男人的右脑比女人发达，在空间识别力方面远超过女人，也就是说他们在三维空间能迅速准确掌握位置、方向、大小、间距等要素。男人只要看一眼地图就知道建筑的位置关系，他们能迅速抓住事物的本质，虽然能处理的信息量较少，对于细节的关注也不够，但是他们十分擅长掌握大局。这一点也体现在聊天上，男人十分注重谈话的目的，他们只关注问题点，怎么达到目的并解决问题，除此之外的细节他们并没有过多的精力关注，做不到女人那样一心二用，但这也是男人的思维逻辑性更强的原因。

而女人通常说话比较凭感觉，思考也更偏感性，表现之一即为女人频繁使用"漂亮"这个词。比如说，看到一件白色蕾丝连衣裙，会有女生直呼"漂亮"，但是这里所说的"漂亮"并不代表她喜欢白色、蕾丝或者连衣裙，只是说明在此时此刻，眼前的这件连衣裙与周围环境相结合营造出的氛围，十分令她心动。

然而男人并不理解这种心动的感觉，看女人为一件裙子挪不动步子就以为她中意"白色"的"蕾丝""连衣裙"。男人心中默默记住这些关键词，然后在下次送礼时按"词"索骥，买了一件自以为完美的礼物等着给女人一个惊喜，当女友拆开礼物看到里面的白色短裙或者蕾丝小礼物的时候，脸上却没有丝毫的欣喜。男人常会因此大受打击，因为他们无法理解女人为什么如此善变。

TIPS 男人要明白，女人说的"漂亮"并不都代表着喜欢，"漂亮"的标准是因时、因地、因人而异的，是一种主观性很强的概念，更多时候它代表的是一种心动的感觉。

相比起事事凭感觉的女人，男人的想法往往更理性。吃午餐时，女人在想吃荞麦面时才会在午饭吃荞麦面，而男人会先在脑子里过一遍自己的"菜单"——昨天三明治，前天是猪排盖浇饭，今天轮到荞麦面了，这样他们才最终决定去吃荞麦面。准备去吃荞麦面的时候，他们才会突然注意到，天气这么热，吃荞麦面正合适，并且去那家荞麦面店说不定还能碰到同事。就是吃午饭这么简单的一件小事，他们也会遵循属于自己的一套行动程序。看到男人吃个饭还絮絮叨叨地讲究这么多，女人又会觉得男人婆婆妈妈了。

　　想必看到这里，大家终于明白为什么男人这么爱讲理，女人这么情绪化了吧。

男女小对话 吸引对方的魔法用语

👤：不知道为什么，你让人感觉……呢！

　　就算是一眼就能看出来也不能直接有理有据地说出来。多用"总觉得……""感觉……""……吧"这类词义比较模糊的词，反正你说什么她们都能听懂。

👤：原因主要有三个……

　　由于对方说话比较注重条理性，我们不妨就从三个方面说起，如果讲着讲着又想到别的原因，再另外补充即可。

| 场景三 |

男人活在纵向世界，女人活在横向世界

　　男女的人际关系构成十分特别，男人之间完全是纵向关系，而女人则更重视横向关系。接下来会对此进行详细解说。

　　简单来说，男人之间的人际关系就像运动会。男人时刻都在意年龄，这倒不是因为他们要时刻尊敬比自己年长的人，而是以年龄就能毫不费力地评出"比赛中的先后顺序"，何乐而不为，然后他们就会根据地位高低调整自己的言行举止。对于迟钝的男人来说，年龄应该是男人唯一比较在乎的东西了。

　　在联谊的时候，男人如果都是同一个公司的话，前辈多会夸晚辈工作能力强，晚辈也会奉承前辈，拿前辈特殊的兴趣爱好开玩笑来逗女人开心，他们麻利地给前辈倒酒，气氛高潮处还要一饮而尽来带动气氛。前后辈配合得简直天衣无缝。但是如果男人之间年龄相仿的话又另当别论了，彼此作为竞争对手，联谊场上他们互不相让，一争高低，使得本应该气氛活跃的场面火药味十足。

换一个场景，男人在婚宴上如果不幸被分到一群不认识的男人中吃饭，他大概会觉得非常不自在，对周围这群人的年龄等各方面情况都一无所知，也不知要从何开始交流。仔细观察周围一段时间后，有人开始憋不住，询问大家的年龄：我三十岁，右边这位三十五岁，左边这位二十九岁，对面这位三十二岁。年龄问清楚了，男人的交流这才刚开始。

对于这种交流方式女人可能不是特别理解，因为即便知道了彼此的年龄，也不代表就能排出个顺序来，进而顺畅地进行交流，总会有无法"一较高低"的时候：比自己年轻的上司，比自己年轻的外国人，这边是中小企业的部长而那边是大公司的课长等。所以像最近的"CFO（首席财务官）"、"CMO（首席营销官）"这类一眼看不出所以然的职位，也让男人备感头疼。

男人属于职位越高、干劲越足的生物。毕竟在年龄相同的情况下，职位是决定地位的关键。以前我在参加一次高中生志愿者举办的活动的时候发现，在准备活动期间，女生们普遍比较懂事，随机应变能力很强，而男生们却像"孩子"一样只顾在一旁嬉闹。起初我还在淡定地看着他们打闹，渐渐地看不下去了，心里对他们的不懂事感到不满。那时我突然想起来"职位影响行为"这句话，于是给男生们安排了"接待长"、"××长"之类的职位，然后再观察他们的工作表现,他们前后的变化令人瞠目结舌。"领导们"对其他"下属"的学生发号指令,表现得十分积极,可能是成为"领导"之后感到自己身上的责任感了吧。虽然这些高中生年龄尚小,但将来也应该不会一无所成,因为他们显然已经十分适应纵向社会的规则了。

此外,在职场中"上司"、"下属"、"承包"(日文是下請け),发票上面的"尊敬的顾客(日文是上樣)"等词中,带"上"、"下"的词汇随处可见,无不展示着属于男人的纵向世界的规则。同时,纵向世界里分明的界限,也让男人很难在自己的职场中拉近彼此距离。

女人不会像男人那样拘泥于年龄大小、职位上下,在聚会上即使满眼都是不认识的人,女人也能抛开年龄迅速跟大家打成一片,这一点无疑是女人的优势。

男女差异小图解

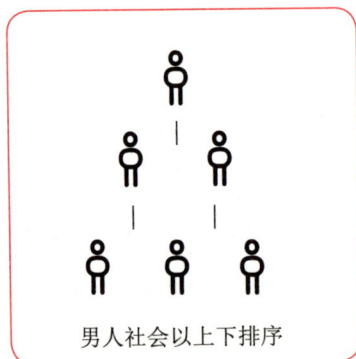

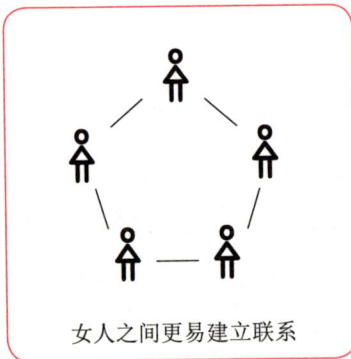

男人社会以上下排序   女人之间更易建立联系

女人曾经在社会中处于弱势地位，现代的女人即便得到了与男人平等的权利，骨子里还是遗留着强烈的反抗意识，认为女人团结一致才能与强势的男人抗衡，因此她们更注重与周围的人"搞好关系"。

此外，在提及女人时，人们多会用"丈夫在一流企业就职的主妇"、"能干的妈妈"、"海归的单身女青年"、"实现梦想的××作家"之类的称呼，花样繁多，婚姻、职业、收入、证书等都能用来表明女人的身份，其复杂程度使得我们无法简单地将女人分为三六九等，这也是注重地位高低的纵向社会在女人社会无法完全起作用的原因之一吧。

TIPS 在生活和职场中，男人看重年龄、地位、职位等上下关系，女人喜欢考量综合因素。

然而横向社会也并非一派和谐。女人之间关系好不好，很多时候我们可以从她们是否一起去洗手间来判定。一旦真正建立了姐妹关系，女人决不允许其中一方破坏。虽然有时女人不得不跟合不来的同事一起去吃饭，跟聊不来的朋友装开心，回来只好和身边的人诉苦，但秉着"和睦相处"的原则，下次遇到同样的情况时，女人依旧会这么做。

　　而且，在纵向结构的职场上，有时女人自己想到了一个很好的点子，但是怕在女同事面前出风头招来妒忌，从而影响姐妹关系，只好收起自己的想法，一味地附和他人的意见。为了这种姐妹关系，女人牺牲的往往是自己的前途。

　　不论是纵向联合，还是横向发展，不管是男女之间的交流，还是同性之间的交流，尊重对方的交往规则才是关键，也是彼此能和谐共处的基础。

男女小对话 在谈及对方的人际关系时

♂: 你们关系真好！

　　如果女人的人际交往能得到尊重的话，她们就会觉得很开心。但是如果有人分析或者贬低身边的人的话，她们就会觉得心里不舒服。

♀: 你跟 ×× 谁是前辈啊？

　　既然对方这么看重上下关系，不妨开口问一下对方的年龄和职位。然后他们就会兴致勃勃地解释道："我们虽然是同期，但是他比我大一岁。""他不是直属上司，却是我的领导。"

| 场景四 |

男人玩棒球长大，女人过家家长大

　　男女的价值观差别可以从棒球与过家家中一窥究竟。

　　我记得我看过苏珊·K. 戈兰特[1]写的一本书，作者站在女人的视角，对男女在工作上的差异进行了深入的剖析，并做了很形象的比喻——男人是在玩棒球时建立价值观的，而女人是在过家家时形成价值观的。

　　在小时候，男人多多少少都会接触到棒球、足球之类的团队运动。教练命令他们犯规以阻拦对方的时候，他们往往是毫无怨言地听从教练的命令。此时，个人的面子和尊严在团队的胜利面前不值一提，为了胜利拼尽全力，不计个人得失的理念，让他们慢慢接触男人社会的规则。

―――――――――

[1]　苏珊·K. 戈兰特：美国作家。

　　"伙伴"、"羁绊"、"胜利"是男人生活中永恒的关键词,《少
年JUMP周刊》、《海贼王》等漫画大受男人追捧,是因为漫画
里面所表达的观念就是他们所追求的世界观。从小就在大局意识、
成功第一的熏陶下,男人当然能很快适应职场规则。

　　而小女孩在童年时则被过家家的角色扮演游戏吸引,她们在
游戏中与大家共同构造出一个虚拟的世界,在这个世界里大家一
起和谐共处,相互帮助。在这里并不需要明确的目标,没有胜负
之争,一派和谐,或许这就是女性更注重家庭的原因之一。

TIPS　　男人渴望成长,女人渴望变身。

　　虽然我们说"男人渴望成长,女人渴望变身",但"成长"
与"变身"是两个相似的概念。男人长期打棒球,使得他们非常
喜爱"成长"这个词。今天比昨天更好,明天比今天更强,他们
总能在这种变化中找到乐趣。注重肌肉锻炼的是男人,潜意识要
把公司做大做强的也是男领导。

　　而女领导经营公司的话,相比公司的规模,她们更看重公
司的氛围,由此看来,小时候过家家游戏对女人的影响是如影
随形的。

TIPS　　　男领导更关注公司的未来，女领导更在乎公司氛围。

　　如果把男人的人生看成"射击游戏"的话可能更容易读懂他们。男人的人生远比女人的人生简单。毕业——找工作——上班，简单明了。像结婚、生孩子这种事他们觉得跟自己没有太大的关系，他们自觉居于配角的位置，将主角的位置让给妻子。这样一来，为了成为自己人生的主角，他们只有在事业上拼命努力，升职加薪才能让他们更有成就感。

　　从大脑构造上来看，男人比较适合长时间专注于一件事，比如说玩游戏。男人沉迷游戏早已不是稀奇之事，在这里把游戏这个对象换成工作的话，他们也就变成了我们常说的"工作狂"。工作狂们经常陷入困境，他们经常沉迷工作而疏忽自己的家庭。如果男人痴迷游戏的话，女人大可严厉批评他们，但如果男人痴迷工作的话，女人倒会觉得男人拼命工作也挺不容易的，对他们更多是心疼而非责怪。

　　这样一来，没有反对的阻力，他们继续抛开爱人与家庭，对除工作之外的一切都不管不问。实际上，对于他们来说，玩游戏与工作并没有什么差别，女人完全可以要求他们在工作之外关心关心自己。

　　前面我们讲过男人喜欢成长，而女人更喜欢变身。扮妈妈、爸爸类的过家家式的角色扮演对女人天然有一种吸引力。女人不喜欢局限在同一个环境里逐渐成长，她们渴望脱胎换骨的变化。这种渴望也跟女人的人生选择过多有关，比如是否结婚，要不要孩子，是否工作……女人随便一个选择都可能对她们产生巨大影响，让她们就此踏上与现在截然不同的人生道路。

　　虽然选择对于女人来说至关重要，但是结婚也不代表任务的结束，生两个孩子也不代表成功，正因为并没有明确的目标，她们总会幻想，如果自己当初没有辞职，如果没有跟现在的丈夫结婚，如果那时候……现在的自己会是怎样一番光景。她们止不住地幻想，羡慕着不属于自己的生活。

男女差异小图解

男人渴望成长　　　　　　女人渴望变化

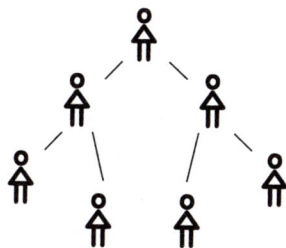

　　由于曾处于弱势地位，女人总是会幻想着哪一天会有人来拯救自己，可能是因为小时候看过的灰姑娘的故事影响太深，她们总觉得有一天自己也有可能会变成公主，即使现实中这种可能性微乎其微。

　　不管现实中过的如何，女人相信只要换一个结婚对象，自己的人生也会随之焕然一新，她们也会迎来改变命运的那一刻。所以在日常生活中，她们决不放弃化妆打扮让自己"改头换面"，要为即将到来的奇迹而时刻准备着。

男女小对话 共同工作的时候

♂：大家一起努力吧！

　　在团结大家的同时又能调动气氛，提高大家的士气，这样号召大家何乐而不为呢。大家干劲够强的话，会主动积极完成工作，完全不需要指示。

♀：我负责干什么？

　　确认一下自己在团队当中负责的工作吧，这样一来对方也比较容易下达指令。

| 场景五 |
男人崇拜英雄，女人沉迷幻想

　　近年来的日本年轻人变得更时尚，更有品位了，非从前可比。不过他们再怎么时髦，再怎么懂设计，在骨子里，男人还是崇拜现代版的英雄——不良少年，女人仍旧沉迷于幻想。

　　"不良少年"这个词最近变得流行起来，自古以来，男人的世界就崇拜"不良"文化，以前的"热血高校"[1]，现在的"极道鲜师"[2]都受到大家狂热的追捧，大家都被里面诚挚的兄弟情义所吸引，连老实巴交的文科男也禁不住幻想，自己变坏后会不会也变得酷酷的。高中生跟大学生常常为了让自己看起来更酷，逐渐养成抽烟的习惯（最近有减少的趋势），仿佛抽烟就能让他

[1][2]　《热血高校》和《极道鲜师》都是讲述不良少年的漫画。

们从此贴上"坏"的标志。

外表粗糙的放浪兄弟组合^[1]可谓是集肌肉、义气为一体的现代不良少年的杰出代表。他们穿着带骷髅或黑道标志的衣服，但这并不妨碍他们大受追捧，粉丝覆盖各个阶层。男人喜欢不良少年，大概是因为不良少年满足了他们对胜利、对超越别人、对变得更加强大的所有幻想。而且，越是在小地方、小城市，他们的人气就越高，这也可能是因为这些地方人际圈子较窄，街坊邻居都不想被熟人看不起吧。

武士被尊崇为日本气节的代表，《叶隐》^[2]里有一段话：武士道即视死如归，就是宁死也不要受人侮辱，这在某种程度上与不良少年的价值观十分相似，就连武士的月代头与肩部夸张的武士服也与不良少年的奇装异服有着一定的共性。可以说，从某种程度上来看，不良少年就是武士，是现代版的英雄。

现实生活中绝大部分的男人都想要被崇拜，因此，过于通晓事理的熟女压根儿不在他们的考虑范围，天真烂漫又不谙世事的萝莉才是他们追求的目标。所以我们经常能看到，男人狂热地追捧那些看起来天真无邪的偶像们。

为了讨男人欢心，女人潜意识中会选择喜欢可爱的Kitty猫，

---

[1]　放浪兄弟组合：日本实力派男子组合，以演唱与舞蹈为主的团体。

[2]　《叶隐》：江户时代传诵的武士道修养书。

穿粉红色的衣服，房间里摆满了少女心十足的心形饰物与蝴蝶结，少女们将所有幻想都倾注在"可爱"上，然后用"可爱"装扮自己。

为了让自己看起来更少女，女生得要下一番功夫，衣服要少女装，化妆要粉嫩的，要想得到男人的追捧，就得让自己变得"萝莉"起来。

说到"可爱"这个词，男人的理解十分狭隘，他们所理解的可爱不外乎就是婴儿、动物、粉红色、蝴蝶结、心形的装饰物，完全是流于表面的"可爱"。

女人的"可爱"则不限对象，范围广泛。修身的黑裤子她们觉得可爱，带铆钉的包她们也觉得可爱，甚至令人心动的价格也能被她们说成可爱。说到底，"可爱"不过是个幌子，其实她们真正想表达的是"我想要这个"、"我喜欢那个"。

由于女人的"可爱"大多看感觉，男生不要仅凭"可爱"这个词汇就盲目猜测女人的喜好，猜错的后果你懂的。不过，不得不说，男人大部分情况下都会猜错。

男人有时候让女性朋友给自己介绍可爱的女生，朋友因此带来了自己的伙伴，可男人见到之后却大失所望，感觉自己被欺骗了。在男人看来，说好的可爱女生不见了，眼前明明是其貌不扬的人，男人因此愤懑不平，觉得女性朋友是故意开玩笑。但事实上，这完全是一场误会。对于女人来说，可爱不光指长相，更是一种感觉，可以是性格可爱，也可以是想法可爱，自己的朋友虽然相貌不是非常出众，却是一个很有想法的人。所以说，男生如果只想见漂亮女生的话，就应该直说自己非美女不要，这样朋友们自然就只介绍美女了。不过也会有人觉得这样的男生太猥琐，会直接拒绝介绍。

男人崇拜英雄，女生喜欢幻想，二者追求相去甚远，因此，男女要想和谐共处的话，绝对不能触及对方的底线。兴趣这种东西，并不是三言两语就能改变的。对对方的兴趣爱好有意见、不满的时候，"口下留情"才是上策。虽然妥协和忍让有时会让我们心里不舒服，但只有互相尊重对方的兴趣爱好，才能和对方建立长远的关系。

男女小对话 夸赞对方品味时

♂: 那个好可爱啊!

记住这跟可不可爱并没有什么关系,表示自己对她所喜欢的事物也很喜欢,比什么话都能讨女生的欢心。

♀: 那个好厉害啊!

男人如此易于满足,跟他们说一句"你好厉害"就能打动他们,像"好强啊"、"好帅啊"之类的词的效果也是相当明显的。

Chapter 02

恋爱篇

越是神秘越是引人入胜

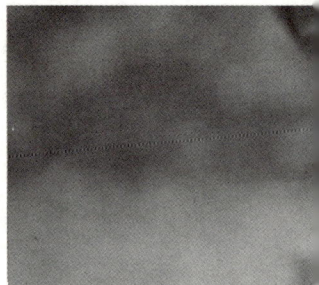

|男人渴望成为第一任，女人渴望成为最后一任|

|男人追求第一，女人追求唯一|

|男人追求锦上添花，女人追求雪中送炭|

|男人责难爱人，女人责难小三|

|男人将前任"另存为"，女人将前任"覆盖与替换"|

从这一章开始，我们就要对男女差异进行实战分析了。

大部分人觉得恋爱是一对男女从互有好感到相互了解、逐渐拉近彼此距离的过程。然而，理想是如此浪漫，现实却是那么骨感。在实际交往中，性欲、幻想、算计、嫉妒等各种情感掺杂进去之后，再美好的恋爱也会危机四伏。你要知道，恋爱的本质就是要彼此卸下伪装，坦诚相待，与此同时，双方的本性也暴露无遗。即使是那些擅长处理家庭和职场关系的人，也不能总是戴着面具面对自己的爱人。为什么会出现这样的状况呢？就没有顺顺利利、完美无瑕的恋爱吗？在回答这个问题之前，让我们先揭开爱情中的男女的神秘面纱，对他们的问题一探究竟。

现在有一种普遍的现象，很多恋爱中的女人说她们总是看不清自己的恋人，觉得对方像善变的天气般难以捉摸。然而，也正是这份神秘感让女人越来越深爱对方，她们既对此感到不安，又被此深深吸引。恋爱中的人就是这么矛盾、这么匪夷所思吧。

也有些人经历情感上的纠葛之后，对恋爱心灰意冷，拒人千里之外，对别人毫无兴趣。若是正在看书的你抱有这种想法，也大可不必对接下来的内容嗤之以鼻，恋爱这一章所描述的男女差异与其他章节亦有相通之处，读下来说不定会有意外的收获呢。

我还附上了男女常用的妨碍沟通的用语，大家可以对照看自己有没有说过，并在以后的生活中避免这类语句的使用。

男人说

好吧，算我错了，你要怎么办？

这有什么可生气的？

你到底想说什么呢？

我不明白你的意思！

你能不能别唠叨了！

你就不能快点吗？

好好好，都是我的错行了吧！

你还说我呢，你又好到哪里去？

我就这样了，你想怎么着？

女人说

你怎么又买这个了？你不是有吗？

你怎么这么晚回来，竟然还不给我打电话！

你就是不关心我！

你有没有考虑过我的感受！

我怎么找了你这样一个人！

你凭什么……

当初要不是……

你太没有良心了，我做了这么多……

当初我真是瞎了眼！

| 场景一 |

男人渴望成为第一任，女人渴望成为最后一任

　　男人追求"白纸一张"的女人，你相信吗？古代著作《源氏物语》讲到男人时说，男人最大的梦想是将懵懂无知、阅历尚浅的少女调教成他心中理想的模样。即便是在思想开化的二十一世纪，也有很多男人有着强烈的"处女情结"。他们以一副开拓者的姿态，豪情满志地宣称要去寻找未知的土地。然而，这背后其实掩藏着一个羞于启齿的秘密：他们都不想被拿来跟前任对比。

　　如果自己是女人的第一任，那带对方去哪里、怎么接吻，都可以随心所欲，不用担心被拿来跟前任对比，对方反而会因为是第一次被如此对待而感动。所以，男人痴迷"白纸"女孩，恐怕更多的原因是对自己没有自信，怕被拿来一较高低。

　　不同的是，女人追求的是成熟男人。她们渴望改变，总是期盼白马王子会帅气地登场，把自己从水深火热之中拯救出来，两

人从此过上幸福美满的生活。然而王子终究只是幻想，在现实中想要实现自己的梦想，自然只能寄希望于那些功成名就的成熟男人。而且，随着年龄的增长，她们对男人条件的要求会越来越高，毕竟她们已经翘首以盼了这么多年，多花点时间对她们来说，也是值得的。因此，她们并不要求成为对方的第一个女人，而是想要成为对方的最后一个女人，与"王子"步入婚姻的殿堂才是她们的终极梦想。从这一点来看，女人比男人更现实。

TIPS 男女心中的理想恋爱差别甚大，男人喜欢单纯的女人，女人喜欢成熟的男人。

正如我们前面所讲，男女在恋爱方面的追求相去甚远。男人追捧天真懵懂的少女，将熟女们晾在一边。毕竟，男人在三十岁左右的时候，正值人生的黄金阶段，身边不乏年轻貌美的姑娘，面对这种情形，熟女们也不得不接受这个残酷的现实。

但女人到了一定年龄，也有别的办法。她们不妨把目标转向年轻的"小鲜肉"们，选择那些不谙世事的年轻小伙才是明智之举。

年轻小伙可能不够成熟稳重，无法像王子那样翩然而来，拯救自己。但是相差十岁以上的话，男女差异再加上年龄代沟，交

流方式上的差异反而不明显了，某种程度上倒是成了好处。对彼
此的差异习以为常、相互尊重理解的情侣，往往比一味"求同"
的情侣走得远。

　　其实，近来年轻人对待恋爱的态度已经变得更加理性，彼此
间的交流也越来越多，渐渐开始理解对方。一味追求"白纸"女
人的男人与一味追求成熟男人的女人，都开始意识到了个人想法
与时代的脱节。不过，过于理性也容易走上另一个极端：恋爱在
他们看来不过是徒增烦恼，没必要执着于恋爱。于是，找自己的
异性好朋友直奔主题——结婚的人逐渐增多。

男女小对话 如何取悦刚开始交往的他／她

♂：遇到你我才有这种感觉。

要强调她是自己交往这么多人当中最特别的，要让对方相信两个人能一直走下去。

♀：这是我第一次⋯⋯

强调是他让自己体会到世界前所未有的美妙，并让对方相信自己以后会继续为他改变。

这是我
第一次……

| 场景二 |

男人痴恋万人迷，女人中意痴情男

到小学为止，大家喜欢的异性几乎就是那么几个人。回忆一下当时的经历你就会发现，比较受女生欢迎的一般都是头脑聪明或四肢发达的男生，在男生中受欢迎的一般都是漂亮可爱的女生。然而，到了初中、高中，女生的"口味"开始发生变化。她们有的喜欢跟自己兴趣相似的少年，有的喜欢痞痞的男生。而男生不管年龄怎么增长，对漂亮女生总是喜爱不已。

男人如此孜孜不倦地追求漂亮女人也有他们的理由。

在他们眼里，自己的另一半不光是自己的爱人，同时也是自己的名片。与美女结婚的话，就相当于在名片上印了一个大写的"成功"。也有人把妻子比作"奖章"，娶了一位娇妻就像比赛获得冠军一样值得夸耀。对他们来说，恋爱有时候更像在原野上角逐厮杀，猎杀一只硕大的猎物能让男人面子倍增。因此，他们拼命追求美女，在收获周围同性欣羡与赞赏的目光的同时，炫耀着自己的成功。

因此，得到让别人羡慕、嫉妒、恨的另一半是男人追求的目标，像空姐、校花、"万人迷"这些容貌出众的美女们他们自然不会放过。他们不考虑自己喜欢什么类型的女人，只要把对方领出去自己有面子就行。在同性朋友们把恋人夸了一圈，自己的虚荣心得以满足之后，他们才发现身边的人让他们更加喜爱了。但是，这种"爱"令人质疑，因为另一半对于他们与其说是爱情的对象，不如说是道具。说到底，他们有时候并不知道自己真正想要什么。

上小学的时候，女生往往痴迷于公认的好少年。在那个年龄段，女生选择男生的标准比较单纯，一般就只看智力跟体力。

但是到了初、高中，她们不再一窝蜂地追捧那几个出众的男生，也会开始欣赏别人，如熟知笑话的幽默文科男、手指纤长的艺术男、热爱运动的阳光体育男等。随着年龄的增长，女人开始逐渐形成自己的审美。

跟之前我们提到的"可爱"的标准一样，女人对"帅"的认定也没有一个确切的标准，她们主要凭感觉，因人而异。因此，长相不是那么出众的男人也要对自己有信心，属于你们的"春天"也终将到来。

女人的"口味"各不相同，这是因为女人把对方视为交往对象的同时，在潜意识中也把他们看作未来孩子的父亲来审视。

男女差异小图解

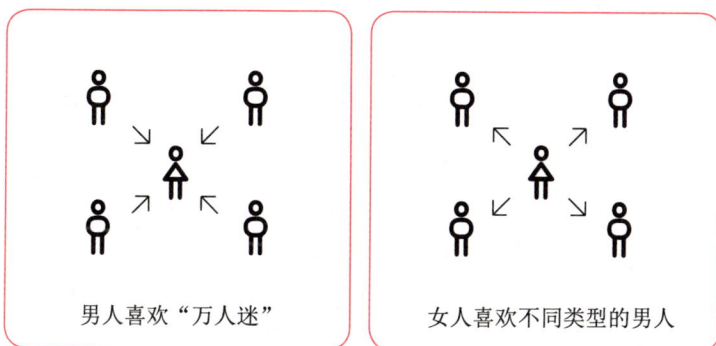

男人喜欢"万人迷"　　　女人喜欢不同类型的男人

　　在茫茫人海中，女人凭借本能敏锐地发现自己生命中的那个"他"。之前讲过，女人喜欢成熟男人，这里女人看重的是能否与自己合得来，而并非为了向同性朋友炫耀。当然也会有女人在选择对象时追求"年薪千万"、"名校毕业"等标签，这是因为她们是以结婚为前提而进行恋爱，对另一半的要求自然也会变得更加严苛。

TIPS　　面对恋人，男人把对方视为"奖章"，女人把对方当作"救世主"。

　　女人自信于自己的洞察力，以至于听不进周围人的意见。一旦发现目标，她们会主动出击，不达目的决不罢休，也不知这是源于本能还是精于算计。

　　对男女的喜好进行一番剖析之后，相信女人也应该知道怎么才能让男人"上钩"了。首先，要在他们面前表现自己，当然不是跟他们说"你觉得我美吗"之类的大白话。女人需要话家常般跟他抱怨自己的感情情况，比方说自己在跟现任闹不和，两人关系即将走到尽头，或是有人在追求自己，但自己对对方并不感兴趣。这一切只为传达出两个信息：首先，表明自己是受追捧的对象；其次，听话人有机可乘。相信男人在听到这一番诉说之后，若是喜欢对方，那一定会有所行动。

　　喜欢这件事，没有"绝对"，无规可循，不过关于如何更好地展现自己的魅力，确实有方法论。如果女人不知该从外表，还是从兴趣爱好方面去吸引男人的话，不妨先踏上恋爱的角逐场，放手一搏。

男女小对话 想吸引意中人注意时

♂: ×× 跟你很配，我觉得挺好。

　　真诚地赞美对方有品位，会让她们有被认同、找到知音甚至是怦然心动的感觉。

♀: 我跟男朋友最近不怎么顺利……

　　要跟对方表明自己有对象但是最近不和，男人会觉得你楚楚可怜并有机可乘。

| 场景三 |

男人追求第一，女人追求唯一

男女都渴望被爱的感觉，但是在追求对方和恋爱的时候，对彼此又有着千差万别的要求。简而言之，就是男人追求第一，女人追求唯一。

如前文所讲的《源氏物语》中的描述，将不谙世事的少女按照自己的喜好去调教，是男人永恒的梦想。但从实际出发，男人心里也清楚，"白纸"女孩不是那么容易找到、追到的。于是他们转念一想，既然成不了对方的第一任，那也要成为历任中的第一名。男人看重名次，在爱情中依旧争强好胜，却也常常在不知不觉中被名次所操控，影响了真正的感情。

站在女人角度来看，男人超过前任成为第一的愿望恐怕永远都无法实现。因为对女人来说，前任已经是过去式，没有任何可比性。当然，除了前任之外，还有其他潜在的威胁——让女人着迷的偶像们，他们的存在早已让男人内心的妒火熊熊燃烧，他们深感自己在女人世界里的第一地位受到了威胁。

男女差异小图解

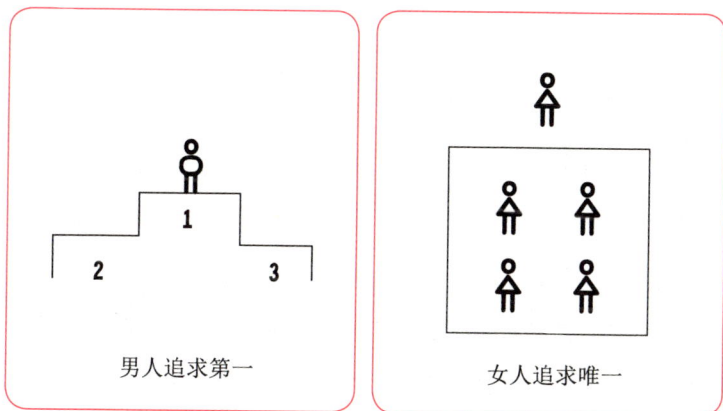

男人追求第一

女人追求唯一

在渴求第一的同时，男人也希望自己受其他女人的追捧。因此，即使已经有了爱人，他们也想跟漂亮女人联谊，也想去夜总会享受前呼后拥、左拥右抱的感觉。这种四处风流的性格是他们的天性使然，成为恋人的第一远远不够，弱水三千，他们一瓢都不想错过。

女人倒不怎么在意自己受男生的追捧程度，这是因为在恋爱中一般都是男追女，女人处于被动状态（当然也会有少数的"女追男"的例子）。对于女人来说，"防守"比"攻击"更重要，只要"守"好自己喜爱的男生就足够了，其他人并没那么重要。

TIPS　面对爱情，男人希望桃花不断，女人希望痴情永远。

由于男女追求的不一样，能打动他们的情话自然也不尽相同。因此，在表达爱意时，要"投其所好"。若告诉男人他是自己的唯一，男人可能并不会感动，这时应该告诉他，他是最棒的。

要注意的是，在夸赞他们的时候，要夸得抽象、虚无缥缈，如夸他们很帅就能让他们心花怒放。但是夸赞对方工作上无人能敌，一旦在工作上他被谁超越的话，男人的心里就会觉得很不是滋味。

由于男人很在意先后次序，在表白的时候下意识会说她是自己最喜欢的女人，但女人听来却完全不会感到高兴，她们觉得自己竟然被拿来跟别的女生比较，进而好奇男人第二喜欢的女人是谁。为了避免此类不必要的纠葛，"我的眼里只有你"是最直接有效的，"你是唯一，你很特别，非你不娶"都能打动她们的心。

为了使"我的眼里只有你"这句话看起来更可信，男人更要从细节处着手，在女人剪了头发、换了妆容、买了新衣服的时候，都要殷切地询问。一两句花言巧语只能换来一时的甜蜜，因此，男人们拿出诚意，显示出自己对她们无微不至的关心才能使爱情的甜蜜经久不衰。毕竟比起结果，她们更重视过程；比起语言，她们更重视态度。

男人大脑的构造决定了他们粗枝大叶的性格，所以，想要男人下意识地去密切关注女人并不容易，因此多多练习是必须的。起初可能难以适应，时间一久，习惯就养成了。

不论是男是女，渴望被爱的心是不变的。男人满足于"第一"，而女人安心于"唯一"。在向爱人表达爱意的时候，不要只顾自己的感受，要做到换位思考。

TIPS

对男人要说"你最棒"，对女人要说"你是唯一"。

男女小对话 "老夫老妻" 之间想要相互取悦的时候

♂：你对我来说很特别。

　　严禁将女人进行对比，要强调她的特别之处，要让她们觉得自己是"唯一"。

♀：这个世界上我最喜欢你！

　　不多废话直接给他"第一"就能让他们高兴很久，不光是世界第一，宇宙第一、生命中第一也有效。

| 场景四 |

男人视恋爱如游戏，女人视恋爱为结婚

　　俗话说，男人用下半身思考，女人用子宫思考，这句话用来讲恋爱也同样适用。

　　男女对于恋爱的看法有着天壤之别：男人认为恋爱是追求、性爱，女人认为恋爱是结婚、生子。对于男人来说，恋爱最重要的事就是性爱。追求心仪的女生，与她们接吻和做爱，就像游戏通关一样让他们着迷。这种着迷有时让他们产生恋爱的错觉，但归根到底，他们不过是沉浸于性欲与征服欲的满足之中。因此，学生时代的早恋大多是出于青春的懵懂以及原始的性欲冲动，并不是真正喜欢对方。

　　而女人在恋爱中，总会幻想着跟"他"结婚后一起生活的场景，自然而然会考虑到结婚和生子的问题。这样一来，在她们眼中，对方不仅仅是恋爱对象，更有可能是自己未来孩子的父亲。这就造成她们在选择对象的时候，不会一味痴迷于男人的魅力，而是小心谨慎地考量男人的收入与前途，早早为将来的婚姻做打算。这看起来比较现实，不过作为成熟女人，必须一切向前看。

男女差异小图解

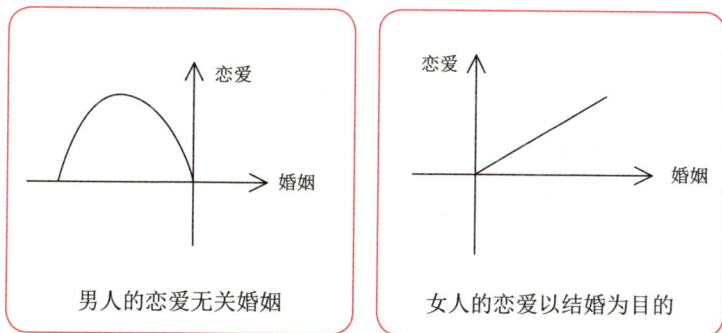

男人的恋爱无关婚姻

女人的恋爱以结婚为目的

不过，处于青春时代的女人还不至于考虑这么多，那时懵懂无知的她们不像男人那样受性欲驱使，却受偶像剧、浪漫电影的影响，渴望来一场轰轰烈烈、梦幻般的恋爱。她们可以说是为了恋爱而恋爱，恋爱的对象是谁有时候并不重要。

同时，男女对于性爱的想法也是相去甚远。

大家总会有这种印象，男人完全不挑性伴侣，也就是床伴。这大概跟他们"四处留情"以及"传宗接代"的本能有一定关系。把恋爱看作游戏的话，发生关系对他们来说像是打通游戏全关，到达终点，代表着游戏的结束。因此，女人常常发现，一旦发生过几次关系之后，男人的热情就开始逐渐冷却，他们慢慢不再对自己感兴趣，恋爱就这样走向终结。事实上，这不过是男人厌烦了跟同一个人发生关系而已，甚至有男人在接吻之后便匆匆结束一切。

相反，女人一旦有了肌肤之亲，就会对这个男人产生依恋。很多女人在跟不甚中意的男人发生关系，一觉醒来后发现，自己眼前的那个人突然魅力大增。这是因为女人在选择床伴时不似男人那般随便，她们小心谨慎不轻易献身，也正是因为这样，使得她们只要有了一次肌肤之亲，就意味着她们内心已经接受了这个人，对这个人的爱意也会增加。为了避免错爱负心人，女人在献身之前一定要考虑清楚。

既然男女在恋爱动机与追求上相去甚远，那么频频产生摩擦也就在所难免了。

科学研究表明，年龄对"性"生活有着不可或缺的影响，男女的性欲高峰期是不同的。男人的性欲高峰期在二十岁左右，女人的性欲高峰期在四十岁左右，在三十岁左右男女的性欲达到相同水平。大众普遍认为，在这之后女人的性欲不断高涨，而男人会逐渐衰弱。这直接造成婚后女人在性生活方面可能会感到不满，男人大多草草了事。换言之，男人在过了三十岁之后才能摆脱性欲的控制，开始冷静地对待恋爱。

TIPS　　男人在恋爱中追求性，希望点到即止；女人在恋爱中追求结婚，想要天长地久。

　　男人本性厌恶负责，很多男人都奉行着"人不风流枉少年"的原则，迟迟不跟恋人提结婚的事。想要跟此类风流少年长久交往，就得顺着他们的心意，对结婚闭口不提。趁还年轻把重心放在工作上，以此安慰自己。打消结婚这一后顾之忧，男人自然很乐意与这样的女人交往。但这终究不是长久之计，即使交往时男女能互相隐瞒对结婚的看法，但在深入交往之后，分歧终将日渐显露，那时再谈对策怕是有些晚了。因此，选择对象的时候还需要考查一下彼此的观念是否一致。

男女小对话 在交往前提到结婚的话题时

♂: 有合适的人还是会考虑结婚。

　　跟对方表露一下自己有结婚的想法，这样对方也会比较放心。不过也不用说假话，强扭的瓜不甜，结婚还是要你情我愿。

♀: 现在不急，总会有想结的那天。

　　要让对方明白自己不急着结婚，不过不用违心地强调自己暂时不结婚，含糊其辞，表明总有一天会结婚就足以让对方安心。

| 场景五 |

男人追求锦上添花，女人追求雪中送炭

满脑子除了恋爱再无其他的，也只有"恋爱狂"了吧。在日常生活中，男女都不可能时刻充满恋爱的激情。只有彼此在对的时机相遇，才有可能跟自己的意中人更进一步。

那么男人、女人在什么时候才会产生想要恋爱的想法呢？

男人常在自己事业顺风顺水的时候，想找个人一起分享自己的成功。一般男人比女人更重视事业，在事业上取得的成功能让他们更加自信，工作剩余的精力就会投入到恋爱之中。当然，最近也有很多男人觉得恋爱比较麻烦，于是把剩余的精力又投入到工作中，也就是我们所说的"工作狂"，但这些人毕竟不是主流。而且，女人潜意识里往往倾向于选择有优良基因的男人作为另一半，埋头工作的、专注的男人最能俘获她们的心。因此，男人在事业巅峰时期比较受女人欢迎，男人受到身边气氛的影响，也会因此蠢蠢欲动地到处物色另一半。

　　女人则是在遭遇失恋或者工作失意时渴望一个温暖的怀抱。她们幻想自己处于黑暗中，"王子"带着光明突然出现，让她们得到温暖与幸福。大多数女人都想借恋爱来让自己脱离苦海，从这个角度看，她们的恋爱动机确实不怎么单纯。

　　男人大多以外表判断女人，而女人一旦投入工作中，精力自然就转移到事业上，对讨好男人就不怎么上心了，这往往意味着她们会离恋爱越来越远。

　　环视周围三四十岁的女性职场达人，她们最近都像昭和年代的大叔一样，每天抱怨生活，口口声声喊着不想恋爱，只想要一个能帮忙料理家事的好"媳妇"。随着时代的发展，男女之间的差异不再那么明显，男女的社会特征都在不断弱化，女人也可以像男人那样在职场打拼，呼风唤雨，她们中很多人工作能力比男人更胜一筹。

　　男女之间社会地位的差异减小，让他们不似从前那般唇齿相依，独自一个人也能很好地活下去，这也是现在的年轻人不再执着于恋爱的原因之一。

TIPS　事业成功会让男人的恋爱细胞蠢蠢欲动，而成功的女性反而无心恋爱。

　　男女想要的恋爱时机的不同，直接影响了双方是否能建立起通向爱情的阶梯。因此，要想俘获自己的意中人，把握时机很重要。

　　攻下男人的话就要在他们工作顺风顺水的时候。在这时候约他们，再忙他们也会抽时间出来，因为他们正急于向异性展现自己的成功，以俘获她们的心。而如果在女人工作顺利的时候约她们出去，她们会以很忙为借口来拒绝。

　　碰到男人满面春风时，问他们最近发生了什么好事，他们都会滔滔不绝地谈起自己最近的得意事，这时候女人只要充当忠实听众，他们就能对对方抱有好感。遇到男人失魂落魄的时候，女人可能会同情心泛滥，给予他们关怀，想要去帮他们一把，殊不知这时候为他们做再多也只是徒劳。他们不愿自己以落魄之态示人。因此，只要他们的情况稍微恢复了一点儿，立刻就会"过河拆桥"，转身投入他人怀抱。放眼望去，类似的例子不胜枚举。很多男明星在不出名时都是依靠妻子的支持，然而他们在功成名就之后，就会一脚踢开与自己患难与共的糟糠之妻，只因她们见到过最落魄时候的自己。

　　攻下女人要趁她们失意的时候。她们想发泄的时候充当她们的忠实听众，她们想哭泣的时候给她们一个可以依靠的肩膀，仅仅是这样，女人就会把对方当作拯救世界的英雄，彼此关系也能迈进一大步。

　　男人总是懂得如何在女人失意的时候攻下她，他们往往在女人失意的时候陪伴她们，给她们以安慰，女人就很容易对他们产生好感，与他们开始交往，甚至是结婚。这样的例子也层出不穷。不知道大家身边有没有这样的人呢？大家可要掌握好时机，该出手时就出手啊。

恋爱中，在什么时机下手，要说什么话去打动对方，都有一套战略。相信大家掌握了战略之后，相处也会更加轻松、顺利。

TIPS

男人失意时拒绝接近，讨厌别人见证自己的失败；女人失意时更加脆弱，渴望别人的帮助，更易被男人俘获。

男女小对话 需要抓紧时机出手的时候

♂: 你还好吗？出什么事了？

　　如果感觉对方比较失落的话，要殷切地关怀。如果对方开始倒苦水了，那就要抓紧时机，说一些动人的话打动她。

♀: 有什么值得高兴的事吗？

　　如果感觉对方喜上眉梢，要抓住时机让他一吐为快。如果他滔滔不绝地开讲的话，要不断附和对方。

男人被外在吸引，女人被喜欢自己的人吸引

男女都会有那么一个怦然心动的时刻，在感觉到自己被对方强烈吸引，不断想要接近对方的时候，很可能是喜欢上对方或者想要得到对方了。

怦然心动的点完全因人而异，比如很多男人在健身房里挥洒汗水，只为赢得周围漂亮女人的青睐，无奈对方对"肌肉男"却并不感兴趣，恋爱中这类无功而返的例子也不少见。因此，如果想要获得异性的青睐，不光要自我满足，更要投其所好。

男人易受自己的性欲支配，因此，他们大多见到性感妩媚的美女就迈不开步子。女人性感的嘴唇、柔软的乳房、翘臀、超短裙、过膝长靴，这些充满诱惑力的元素让他们不能自拔。当然，他们对女人的喜爱也各有不同，性感的嘴唇和超短裙都只是表象。对他们来说，这些特征所散发的致命诱惑力，才是真正让他们如

痴如醉的地方。就这点来看，男人还算是比较单纯的生物。

女人相对来说就复杂得多。对她们来说，发达的肌肉、浓密的胡子等"猛男"的标志并没太大的诱惑力。当然也会有偏好"肌肉男"、"胡子男"的女人，但大都不过是喜欢而已，并不会上升到痴迷的程度。女人基本上不会因为肌肉喜欢上一个男人。

女人能敏锐地察觉到谁对自己有意思，哪些爱慕的眼波是送给自己的，她们的心会因此而悸动。

男女差异小图解

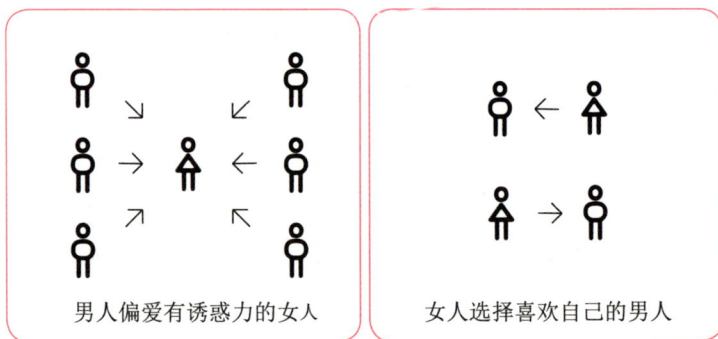

男人偏爱有诱惑力的女人　　　女人选择喜欢自己的男人

不过，不是谁的信号女人都照单全收，平时不起眼的人突然对自己殷切不已、嘘寒问暖，反而让女人更不放心。女人只有在感到对方的诚意之后，才会慢慢对对方产生兴趣。需要特别说明的是，女人对于"霸道总裁"式的追求往往没有免疫力，最终往往屈服于强势的追求之下。

TIPS 男人对性感的女人动心，女人对自己感兴趣的男人心动。

男人在对"敌方"有了彻底的了解之后，就能做到知己知彼，百战不殆了。既然女人能准确捕捉男人对自己的好感，男人大可抓住这一点对她表白，表示自己对她仰慕已久，回顾一下两人相处的点点滴滴，那些暗恋她的日子是多么美好，这份爱还在与日俱增，未来要与她携手走过……相信没几个女人能抵挡得了这番轰炸。

男人不必花过多的精力在自己的外表上，外表虽然能给自己加不少分，但徒有其表的人并不能打动对方的心。与其倾尽全力练肌肉，追求时髦，倒不如学会如何正确向女人暗示自己的好感。当然，这并不是提倡男人完全不修边幅，女人心目中对男人的外表还是有一个"生理接受范围"的。当一个男人在女人的心目中是一个完全邋里邋遢、看了第一眼不想再看第二眼的形象时，就已经没什么补救的机会了。为了不在第一印象就被淘汰掉，男人有必要注意一下自己的形象。

而女人若想要赢得更多男人的青睐，也应该在自己的外表上花些功夫，这不光是指为自己打扮，更要学会怎么"为悦己者容"。

之前也举过例子，要学会突出自己的女性特点。比如 *CanCan*、*JJ*
这些大受男人欢迎的女人杂志，里面的模特都掌握了表现自己性
感、单纯的方法。男人更易对看起来无害的女生动心，女生就算
内心很不屑一顾，表面上也可以勉强自己偶尔装一下白痴，可能
会得到出乎意料的结果。

　　只有成功吸引男人注意后，他们才会继续发掘女人的内在美，
然而内在美只能靠自己的修炼，是无法强求的，自然才是最美。

　　对于异性的怦然心动，我们不求能感同身受，但相互理解很
重要。女人痴迷于男人的痴心，男人则痴心于为自己改变的女生。
忽视这些差异，一味钻牛角尖，执着于自己尊严的人们，是不是
要停下来换个思维方式呢？

男女小对话 想向对方表达心意的时候

♂: 你经常……呢?

既然对方对于周围的讯号这么灵敏,我们不妨直接对她表示自己在关注她,并且很喜欢她。在真正追求的时候直接表示自己对其一见钟情,眼里早已没有了他人,对她们来讲绝对是最受用的情话。

♀: 我爱吃甜品,超级喜欢哦。

男人大都动心于比较幼稚的把戏,这时候只要向他们展现自己女人的魅力,让他们对自己产生"非分之想",没事夸夸自己的狗狗可爱,顺带展现自己的可爱,相信能让他们陶醉很久。

| 场景七 |

男人追求浪漫，女人追求浪漫的事物

　　伊坂幸太郎在《奥杜邦的祈祷》一书中讲到这么一句有趣的话：女人喜欢浪漫的事物，男人喜欢的则是浪漫本身。

　　夜景餐厅的约会、甜美动人的情话、脸红心跳的一个吻……这些就是女人梦寐以求的浪漫。女人追求的浪漫，大多源于幼时童话故事的影响，或是爱情电视剧的熏陶，抑或跟她们情感充沛有关。

　　然而，男人无法体会到这种浪漫（缺乏这方面的情操的陶冶），不知如何向女人表现浪漫。他们绞尽脑汁，结果屡次上演拙劣的浪漫。比如在女人生日或者纪念日时想给对方一个惊喜，他们无法像女人那样察言观色，推敲出对方真正喜欢的东西，因此煞费苦心准备的惊喜往往换来的只是女人并不惊喜的反应。看到女人强颜欢笑的脸，男人也不明白哪里出了差错。

　　此外，男人在收到惊喜时，也常常不知道该作何反应。男人本是喜欢根据理论推测的生物，突如其来的惊喜往往会让他们措手不及，对他们来说，更多的是"惊"而没有"喜"，甚至还有因此而生气的人。

但是，这并不意味着男人完全与浪漫不沾边。

有些男人为了实现自己儿时的梦想只身前往美国；有些人建造属于自己的书房；有些人默默守护自己小时候的秘密基地。这些在女人听起来有些幼稚的想法，却是男人所执着追求的，是只属于男人的浪漫。而女人往往不理解他们，要求自己的丈夫或男友认清现实，不要痴迷于不切实际的东西。

男女差异小图解

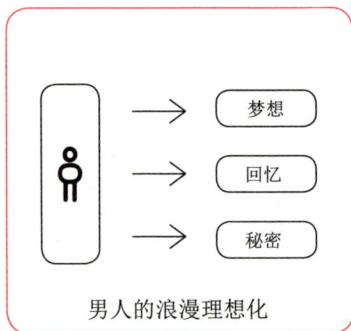

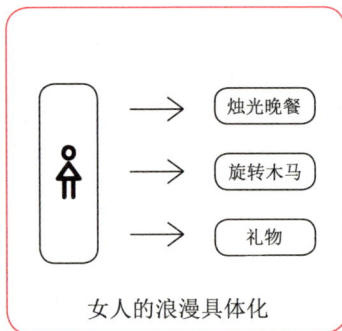

男人的浪漫理想化	女人的浪漫具体化
梦想 回忆 秘密	烛光晚餐 旋转木马 礼物

相爱的两个人就应该倾听对方的声音，相互理解尊重，毕竟男人也在尽全力迎合女人的浪漫。女人不如对此多一份体谅，不要对男人的浪漫冷眼相待。

男人的浪漫是实现曾经的梦想，女人的浪漫更加细致。在童话的影响下，她们想要成为一个公主。

男人对恋爱的甜蜜感觉总是迟钝，在追求自己的梦想时更加理想化，像孩子一样纯真。而女人喜欢浪漫，享受被追捧的感觉。在面对人生规划时，女人更加理智，冷静地从现实出发。面对如此巨大的差异，男女如何和谐共处呢？

当男人准备给女人一个惊喜但不小心搞砸的时候，比如买的蛋糕很难吃，去夜景餐厅吃饭却预订了看不到夜景的座位等，成熟的女人在遇到这些有惊无喜的"惊喜"时，更懂得看到男人在背后所付出的努力，即便结果不尽如人意，她们还是由衷地感到高兴。

不过男人稍微有点小想法，做了这些就自我感觉良好，扬扬得意的话，大多逃不过女人的火眼金睛。当她们发现男人所做的一切不是出于爱，竟然只是为了满足男人的成就感的话，这一切的惊喜只怕带来的只会是女人的愤怒。

因此，男人在为女人制造惊喜的时候，不要掺入过多的个人情感，一心一意只为对方打造独一无二的浪漫就好。很多时候，诚意是女人最看重的衡量标准之一。

　　当然，女人也要对男人的努力给予肯定。缺乏审美与浪漫情怀的男人可能再怎么努力，其结果也不尽如人意。因此，女人需要多给对方一份关怀，发挥自己超能的想象力，不光看到男人努力的结果，也想象一下他们为此付出了多少心血与努力。这样一来，往往大部分女人都不忍心去责怪男人了，反而会对男人为自己所做的一切感动不已。在追求幸福的道路上，懂得感恩永远是最重要的。

　　与其在相互批判彼此的浪漫观上消耗时间，不如学着尊重对方的观念。真正相爱的两个人往往会尊重彼此，让两个人的关系更加亲密无间。

男女小对话 满足对方的"浪漫"时

♂: 公主还真是任性啊。

　　对方是不是公主并不重要，要知道女人的心里都住着一位公主，时不时地夸赞她们，满足一下她们的公主梦。

♀: 拥有梦想的人看起来就是这么闪闪发亮呢！

　　对于沉醉梦想的人，我们要表示赞同，给予赞扬。切忌在这时候泼他们冷水。

| 场景八 |

男人想要放松，女人想要心动

　　结了婚的女人大多会脱胎换骨，来个"超级变身"。男人经常会感慨女人在结婚之后变得更现实，生了孩子后更是不正眼瞧自己。而男人也会发生这样的态度大转变，并且一般是在交往开始的时候。为什么会发生这样的变化呢，下面我们来探究一下痴男怨女们的想法吧。

　　就像我们前面提到的，男人享受被肯定、被崇拜的感觉，在事业风生水起的时候想找个人来分享。在开始追求女人的时候，他们会制造电视剧般的浪漫，使女人沉醉其中。而女人也会产生错觉，以为跟他们在一起的每一天都是这么浪漫。

　　一旦开始交往，女人到手之后，男人就会长舒一口气，换下他们的西装，穿上慵懒宽松的 T 恤，形象不重要，舒服就好，约会什么的？太麻烦！纪念日什么的？有必要吗？发觉自己上当的女人就会哭诉："他们以前明明不是这样的！"

当然，男人也有自己的说法。由于他们只对没到手的事物上心，所以也只会对没有到手的女人花时间追求，竭尽全力展现自己的最好的一面，试图打动对方的心。她动心了，与自己开始交往了，男人的目的也就达到了。对于纪念日这种浪费人力、物力的事物，他们毫无兴趣，他们追求的是平淡的、一成不变的日常生活。此外，他们也会觉得，在追求女人时，都是自己在拼命出力，终于到了修成正果的时候了，女人是否也要有所表示呢？

而女人属于比较专情的生物，一旦与某一个男人开始交往之后，眼里就容不下其他男人。这也让男人放宽了心，相信到手之后对方就不会跑掉。但是，男人也要知道，在爱情里面女人追求的是心跳，她们非常注重享受爱情的美妙。

男人要怎样才能转变自己这种"得鱼忘筌"的想法呢？

简单来说，男人要下功夫。当然不是时时刻刻都悬着心，只需要在纪念日等特殊的日子加把劲就足够了。基本上像生日、圣诞节、交往纪念日这些日子，男人多花点心思，预约一个很棒的餐厅，给她准备一份特殊的礼物，再穿正式一点，给对方一个完美的约会的话，哪怕女人对自己平常的懒怠有再多的不满，也会在这一刻烟消云散，只剩下满满的欣喜与感动。

这种做法同样适用于已经结婚的夫妇。为了能一劳永逸，将过去积累的不满一笔勾销，男人应该在纪念日上多下功夫，正所谓张弛有度才是幸福生活的常态。

另外，在与男人交往之前，女人要清楚地认识到，现在的表现只能代表现在，交往后他们往往会有一个大转变，对他们的期望越大，失望也就越大。若是想跟眼前这个人结婚的话，更是不要期待过多。切记，婚后的日子便是柴米油盐酱醋茶支撑起来的了。

男人对家务事心有余而力不足，因此他们十分痴迷持家有方且厨艺高超的的女人。结婚对于他们，不管怎么看都是只赚不赔的买卖，何乐而不为呢，因此顺水推舟求婚的人也不少。对于男人来说，结婚只是日常生活的延长，与女人梦寐以求的"幸福地生活在了一起"相去甚远。这种时候女人与其死缠烂打地追求浪漫，倒不如"卧薪尝胆"，在婚后将对方"玩弄于股掌之间"才是更明智的做法。

其实，女人在结婚之后也会逐渐放下不切实际的幻想，进入现实踏实过日子。新婚时期还处于初始阶段，一旦女人在结婚后适应了日常生活，尤其是生完孩子、成为妈妈的时候，她们就不再那么追求"心跳"了，浪漫也不再那么重要，整个人三百六十度大转弯，整天素面朝天，洗完澡围条浴巾就在丈夫面前晃来晃去。看到此情此景，男人也会幻灭地感叹道：以前那个天真可爱、害羞的她去哪儿了？看到这里，大家会发现男女之间的做法真的是差不多吧。

　　男女长期交往的话，迟早会发现自己深爱或崇拜的那个人也只是个凡人，有他们的脆弱与缺点。想要一起携手到老的话，仅凭一时的浪漫是无法长久的，两个人还是要过正常的生活，早早认清现实才是明智之举。

　　交往中免不了对对方感到不满，也会有想要改变对方的冲动。但为一些鸡毛蒜皮的事生气吵架，只会让自己的爱情草草收场。找回恋爱的初心，多去发现对方的闪光点，相互欣赏，两个人才能携手走得更远。

TIPS

　　女人要接受，再美好的恋爱也会变成柴米油盐般的平凡生活，男人要明白，日常也需要一些心跳与浪漫。

男女小对话 想与恋人重温热恋的时候

♂: 下次 ×× 日的时候我们去约会吧。

　　在纪念日到来之际要抢在对方之前提出邀请，以表示对纪念日的重视。此外，邀请的时候一定要干脆果断。

♀: 饭菜都是现成的，很快就能做好。

　　对于重视日常的男人来讲，会做饭是致命一击，谦虚地表示自己不会什么复杂的菜式，只会拿冰箱里现成的食材拼凑出一道菜，会让男人对自己好感度大增。

| 场景九 |

男人喜旧，女人图新

　　男人由于脑子不大灵活，需要更长的时间适应新的东西，因此男人在约会的时候希望去常光顾的店，因为他们已经熟悉店里的一切，待在这样的地方会让他们觉得放松。相反，作为时尚的弄潮儿，女人对于新事物的追求永不停歇。即便只是约会，她们也希望去一个陌生的店，以此满足自己的好奇心。

　　女人无法理解男人为何会如此讨厌尝试新的事物。而男人一想到自己要去一个完全不熟悉的餐厅，对店里的菜色和服务毫不知情，就会从心底感到不安，兴致索然。

　　男人之所以更倾向于去一个常去的店，是因为他们熟悉店里的一切，就像回到自己的城堡一样，可以很放松地喝喝酒、吃吃饭。女人可以为去一家新开的餐厅而雀跃不已，与她们不同，男人对每天午餐的安排一丝不苟，甚至还会有星期一荞麦面，星期二咖

喔，星期三炸猪排之类的"个人菜单"。对于男人来讲，能够去
自己喜欢的小店点上几个常吃的小菜，享受店里良好的服务，是
再惬意不过的事了。其实男人喜欢老店这一点，从本质上来看还
是他们天生好强的本能在作祟，即使在吃饭的地方，他们也下意
识地希望自己是这个地方的"国王"。因此，从店方的角度来看，
想要招揽老顾客的话，就要对老客户特别招待，给他们上最好的
菜，然后用心款待他们，用无微不至的服务来打动他们，他们自
然会时常光临。

　　女人则不同，她们更倾向于去没去过的餐厅，对眼前未知的
事物感到兴奋不已，还会产生想要一探究竟的欲望。男人带女人
去一个没去过的餐厅的时候，她们会因为新鲜的一切而雀跃不已，
因为女人总是在追求新的刺激。

TIPS

男人厌恶冒险，女人追求刺激。

　　在约会的时候，虽然一般都是男人主导，但为了哄女人开心，
还是尽量去一些没去过的餐厅吧。男人可能比较担心没去过的店
不好吃，不过女人去一个新的餐厅更多关注的是新鲜感，而不是
这个店里的料理是否真的好吃，就算菜品不尽如人意她们也不会

特别在意。也正是因为这样，男人在搞砸纪念日而感到失落的时候，女人还是会体谅男人的良苦用心，不在意结果。

　　女人被男人带到他们喜欢的"老地方"的时候，也不要过多的抱怨。男人天性怕麻烦，喜欢放松。为了良好的氛围，跟男人约会的时候女人不妨将就将就，去他们常去的店铺。女人若是有想去的新餐厅的话，可以叫上自己的闺密一起。这样转换一下思维，很多问题都会迎刃而解。

男女小对话 决定去哪个餐厅约会时

♂: ×× 开了一个新店，我们就去那吧!

听到新店、人气很高的店之类的词，对方应该就已经跃跃欲试了。有时候跟对方预期的不一样也没关系，约会不就是这样的嘛。

♀: 我们去常去的那家吧!

常去的那家店是他们听了之后会觉得很安心的字眼。自己想去的新店不一定要跟男人去，闺密也可以啊。

男人沉默，女人流泪

　　吵架到最激烈的时候一般都会演变成男人沉默、女人流泪的场景。

　　相信双方碰到这种状况都会觉得很烦躁吧。女人希望男人有所反应，而男人在看到女人哭了之后不知所措，只好陷入更长时间的沉默。为什么事情会演变成这样呢？

　　男人沉默一般只是因为他们无法开口说话。

　　男人由于脑组织结构的关系，无法做到一心二用。他们一开口就无法思考，只有沉默才能帮助他们更好地集中精力去思考。另一方面他们怕自己一开口就会说错话，或者一时冲动说了伤害对方的话。为了避免这样的事情发生，他们只好保持缄默。

　　若是稍微追究一下这种行为的原因的话，我们会发现这跟男人以前的所受的教育息息相关。男人从小就被教导要隐藏自己的情绪，任何时候都要波澜不惊，使得他们不轻易向人吐露心声，在别人生气的时候也只会沉默应对。

在这种情况下，女人应该放任他们去沉默，等他们思路整理清楚之后，自然会开口说话。如果觉得等待的过程过于煎熬，不妨讲一下自己的想法。这时候一个劲儿地逼问他们的想法，无异于火上浇油，会让对方陷入更加慌张的状态，即使被逼吐露三言两语，也只是没有任何意义的言语。这时若女人因此愤怒离开的话，双方关系就会面临破灭的危险。为了能与男人正常交流，女人还是适当停止发问才好。

而男人在看到女人流泪的时候，先不要惊慌，要当她们在流汗而不是在流泪。可能大部分男人觉得女人哭是件很严重的事，不能放任不管；也有人认为女人是在拿眼泪作武器，甚至因此胡乱猜测女人是在装哭。男人要明白，女人哭并不代表她们生气或者难过（我们暂且这么认为吧），她们只是感情过于丰富，许多情感一并涌上心头，无限感慨，一时流下激动的泪水而已。在这个时候，她们陷入个人的情绪，不会有过多心思考虑其他的事情。脑科学研究也表明，眼泪能起到让人镇定的作用。在哭泣的过程中，情绪会逐渐恢复控制，大脑也开始慢慢冷静。因此，男人大可不必惊慌或者胡乱猜测。那面对伤心哭泣的女人，男人怎么做才是正确的呢？答案是什么都别做，静静地等她哭完就好。

但是正如之前讲过的，很多男人在女人哭的时候会惊慌失措做出一些错误的举止，大致可以分为以下四种。

1 你怎么哭了——询问理由

2 不准哭——呵斥

3 不要哭了——惊慌

4 你是为了 ×× 在哭吧——胡乱猜测

　　如果男人安慰哭泣的女人，往往只会是越帮越忙，还得不到对方的回应。女人哭起来不需要任何理由，这种时候男人什么都不做，陪在对方身边才是最明智的选择。等女人哭完了再展开别的话题，待她们完全冷静下来后，再询问哭泣的原因，这时候恐怕她自己都不记得为什么哭了。

　　吵架时，男人沉默是在放空大脑，女人哭泣是在释放情绪。

　　在吵架时我们需要做些什么呢？首先，男人在面对女人的追问时，至少需要开口告诉对方自己在思考，需要静一静。女人害怕长时间的沉默，她们会觉得沉默是男人在忽略自己，抑或在生气，并因此而感到不安。所以，为了让对方耐心地等自己思考完，男人还是开口说明一下才是上策。

而女人的哭泣常会让事情无法继续解决，并且让男人产生不必要的误解。为了不引起不必要的争端，万一女人忍不住哭了出来，也不要只顾着哭泣，让对方知道自己的心思，明白自己在释放内心的情绪，这样男人也会安心许多，体谅她们。

切记，吵架时一味"剑拔弩张"只会让形势更加严峻，双方如果能坐下来和平交谈的话，一定能得到对方的理解。因此，男人在女人掉眼泪时要淡定，女人在男人沉默时要冷静。为了和平解决争端，双方都要付出努力。

男女小对话 男默女泪的时候

♂：对不起，让我静一静。

　　当自己陷入沉默的时候，对方会不明就里并因此觉得很不安，此时跟她们说明自己头脑混乱，需要时间静一静可以避免不必要的争端。

♀：你别在意，我只是忍不住哭出来了。

　　当自己开始哭的时候，男人会不知所措，如果不是故意哭求安慰的话，哭的时候别忘了说句：你接着说。

|场景十一|

男人责难爱人，女人责难小三

经常会有人说男人出轨是天经地义，我并不这样认为。即便男女有很大的差异，即便男人的天性是"四处留情"，一旦两个人决定开始交往，对彼此忠诚是最基本的原则，更何况我们作为现代人，更不应该再拿男人的本能当作借口。当然，也有在交往中同时开始另一段新恋情的例子，修成正果的当然也存在，不过这只能是特例。更多时候，我们还是会选择跟身边的那个人继续走下去。

在这一节我们来看一下出轨后双方是怎样的态度吧。

在女人出轨的时候，男人会义正辞严、长篇大论地谴责对方。这是因为在遭到背叛的时候，由于第三者夺走了女人的心，男人就会有一种挫败感，觉得自己魅力不如别人，颜面扫地，失了面子，进而攻击自己身边的人来挽回自己仅存的自尊。

而女人在发现男人出轨时，更多责怪的是第三者，并非男人本身。她们一厢情愿地认为是第三者勾引男人，他们只是一时意乱情迷才会上当受骗。女人这般拥护男人倒不是羞于承认自己魅力不如人，更多是为了维护自己的地位。在她们眼里，男人不过是一时着魔，早晚会回到自己的身边。

对于出轨，男人觉得错在女人，女人觉得错在小三。

男女出轨的原因因人而异。有的人厌倦了现任，激情褪去，为了追求新的刺激而出轨；有的人视出轨为儿戏，玩玩而已。

花花公子们大多戒不掉四处风流的天性，他们的恋爱只为满足性欲，因此有没有恋人都不妨碍他们在外面风流快活。不过作为一个成年人，想要一辈子游戏人生并不现实。在出轨之前，理性地考虑自己出轨可能带来的后果，是否甘心就这样葬送与恋人的恋爱关系。他们必须要认识到，一旦出轨极有可能会失去女人对自己的信任，甚至失去对方。

也有男人想在结婚之前纵情享受，结婚之后再收敛自己。事实上，不管是婚姻还是恋爱，对彼此忠诚都是最基本的原则，因此，有这种想法的男人还是尽快改造思想重新做人吧。

女人也有花心的人，但在数量上远不及男人。这是因为女人对待性十分谨慎，一般只为自己爱的人献身，因此"四处风流"这个词基本不会用在女人身上。女人一旦出轨，基本上就不是玩玩而已了。即使起初女人抱着无所谓的态度，可一旦献身之后，她们还是会对对方芳心暗许。这时男人再哭着喊着求女人回心转意，多半已为时晚矣。

若是真的出轨了，暴露了，该怎么办呢？这个时候先不要管是选现任还是选小三了，解决眼前即将到来的"大战"才是首要问题。男人由于自尊心作祟，在遭遇背叛时会感到强烈的挫败感，并且十分愤怒，女人再怎么道歉也只是枉然。这时候女人不妨装一下受害者，跟他们倾诉自己受到的冷落，自己的空虚寂寞，出轨只是一时意乱情迷，如此一来男人的自尊心多多少少会受一些折磨。

男人出轨的时候，女人总是站在男人这边的，这时候男人按照女人的期待编一个她们心满意足的答案，老老实实地道歉，才是解决问题的有效方法。比如男人可以承认自己是鬼迷心窍喝多了才这样，保证再无下次。同时，如果男人真心想跟现任继续交往，那还要告诉她们，自己最爱的还是她，这么一番真情告白相信会让女人的气消一大半。

当然，说句实在话，最好的解决出轨的办法就是不出轨，源头上就不产生，两人的感情自然就会少一道考验。

男女小对话 出轨曝光后对质时

♂：对不起，我真的是一时鬼迷心窍了。

　　真诚道歉并且把错推到小三一方，表明自己并非主动的一方，多讲些动情的话，说不定能得到女人的原谅。

♀：你知道我为什么出轨吗？

　　装作受害者，指责他冷落自己才导致这样的后果，并不是因为不再爱他了，这样一来能保护男人的自尊心，相信很快能得到原谅。

| 场景十二 |

男人将前任"另存为"，女人将前任"覆盖与替换"

　　女人不管什么事都倾向于向前看，男人则喜欢死死抓住过去
不放。对待前仜也是一样，女人对待前任总是毫无留恋，而男人
总是对前任念念不忘，这也是我们经常讲的，男人将前任"另存
为"，女人将前任"覆盖与替换"。

　　前任对于男人来说，更像是一种收藏。不管过去有过怎样的
不开心，他们都会对前任念念不忘，时不时翻出以前的照片，沉
浸于那时的美好时光。前些年还流行这种看法，男人喜欢将前任
的数量看成自己的"勋章"，将她们小心收藏，不时地玩味，因
为这一个一个的"女人"都是他们"英雄过往"的见证。

　　不同的是，女人只关注眼前人。一旦与前任分手，她们就开
始不再在乎，对对方失去兴趣。虽然大家都把这种状态称作"覆
盖与替换"，但我觉得这其中还是有一定细微的差别。众所周知，

女人记忆力超人，不太可能将过往删除得一干二净。她们的记忆不像是用电子文件或文件夹保存，更像是用手写保存，手写的笔记本上有很多小标签帮助她们分类。

TIPS

男人将前任收藏，女人将前任归零。

在不需要前任的时候，女人便会将与之相关的记忆束之高阁，一旦要用的时候她们也能迅速回想起来。她们的记忆远多于男人，看起来毫无条理，却并不妨碍她们轻易回想起过去某天某地发生了什么事，那时候自己是怎样的心情。

男女差异小图解

男人把前任看作勋章

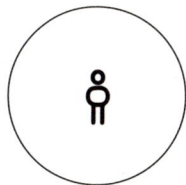

女人只关注现任

对待前任的态度差异让男女之间产生不少问题。比如男人就比较好奇女人的前任是怎样的人，有过多少前任，他们想对女人的"经验值"一探究竟，知道"经验值"之后他们才知道如何与对方"过招"。　而女人认为自己完全没有必要回答这种无聊的问题，触动那些过去的记忆显然很麻烦，于是她们总会含糊其辞地搪塞过去。男人没有得到自己想要的答案，便会开始怀疑女人在隐瞒自己什么。

为了消除理念分歧带来的疑虑，女人还是耐心地给男人简单讲一下关于前任的事情。比方说，在被问及有过几任恋人的时候，回答"不记得了"、"十三个人"之类的都不行，标准答案应该是"大概三人，每个人都交往了很长时间"。在被问及前任是怎样的人的时候，回答"就平常人啊"、"是有妇之夫的上司"也不行，"饭局上认识的，交往了三个月，不过还是不行"才是标准答案。

问这些问题时，男人并不是真的在乎女人的前任，他们不过是好奇自己现在交往的对象是怎样的人。因此，女人没必要讲一些耸人听闻的事来吓跑他们，善意的谎言有时候对大家都好。

相反，女人在看到男人对前任念念不忘时，她们并不会责怪，反而会觉得失落。在看到男人还珍藏着前任的照片并不时回味的时候，她们会觉得男人心里还有前任，不知道自己在他心里处于怎样的地位，并因而感到难过。

然而，男人虽然嘴上口口声声念着前任，并不代表真的还爱着前任。看毕业照的时候人们总会怀念那段回不去的时光，男人对于前任的留恋也是同一个道理，怀念只是怀念，现实是要面对眼前人。因此女人不用太过担心，也没必要醋意大发，为此纠缠不休。

当然，男人也应尽量避免在女人面前提及前任，最好扔掉前任相关的物品（即便不想丢也千万藏好，不要被发现），时刻谨记，"前任"已经成为潘多拉的盒子[1]，一旦打开，后果不言而喻。所以，一定要谨慎发言。

男人实在想找人一诉衷肠的话，还是找自己的好兄弟吧，只有他们才能理解这种留恋，以及对那段回不去的时光的恋恋不舍。

用已经过去的恋情来折磨彼此于情于理都不合适，在对待前任时要充分考虑现任的感受，尽量与过去一刀两断，才能活在当下，赢得现在。

---

[1] 潘多拉的盒子：源自希腊神话，喻指"灾祸之源"。一旦打开，会引起种种祸患。

男女小对话 在问及前任的时候

♂: 只有几个，现在你是我的全部。

　　前任数不能过多也不能过少，要谨慎回答，并且要强调自己现在跟她们没有任何联系（不管有没有联系），心里只有现在眼前的她。

♀: 我算是比较长情的人，到现在为止也只跟三个人交往过。

　　同样的，数量不能过多也不能过少，要强调自己不是水性杨花之辈，也要展现自己的"经验值"（不管有没有经验）。

男人不知道差别，女人不在乎差别

　　相信不管是男是女，为对方挑礼物都是件令人头痛的事，不知道送什么样的礼物能让对方开心，四处求朋拜友，在商场里转来转去，却还是不知道买什么。其实，只要掌握一些诀窍，我们就能轻松打动对方的心。

　　男人追求精深，手表迷、车迷等非常多。男人在选择物质时，倾向在一个领域里不断钻研，在自己无法判断优劣的时候，他们多会依靠各种指标、数据、排名。虽然看起来他们比较有自己的追求，但实质上，他们唯有依靠客观的指标进行一番衡量，才能发现并理解各种差别，由此收获成就感，并在自己追求的路上越走越远。因此，在送男人礼物时，要告诉他们礼物的各项信息，比较吸人眼球的要数"人气第一"、"限量版"、"经典款"之类易于比较的标签。当礼物特点比较突出时，他们易于相信礼物是经过精心挑选的。就如同我们前面讲过的，男人喜欢追求"万人迷"也是这个道理。

女人的直觉比较敏锐，在选礼物的时候，她们不看具体参数也能捕捉到其间细微的差异。对她们来讲，世界上没有两个一模一样的商品，没必要过分纠结细微的差异，可爱、炫酷、能打动人心才是她们关注的点。可能正是由于在挑礼物时她们多是主观判断，所以下决定往往也比较干脆。因此，在选礼物的时候，去问一下女人的想法再购买才是万全之策。刚交往时，女人知道男人不可能一次性猜准自己的喜好，大多会给男人几次犯错的机会，只要用心准备，即使买的礼物不合心意，她们也会高兴地接受。不过时间久了，还坚持犯这种错误的话，定会招致女人的不满。

男女差异小图解

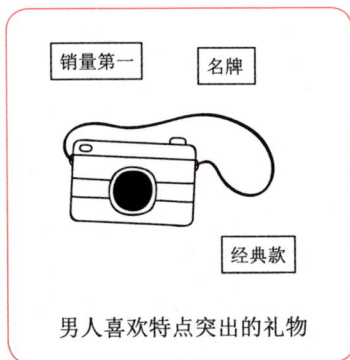

男人喜欢特点突出的礼物

女人喜欢主观选择礼物

　　由于不知道是否能一猜即中，买礼物还是先不要买太贵的，
这样也不会给女人带来太大压力。不过，在买戒指之类昂贵的或
长期使用的物品时，一定要跟女人一起买，有些男人高估自己的
审美，买的东西往往让女人哭笑不得。

TIPS 男人喜欢的礼物：热门、稀少、珍贵、经典……
女人喜欢的礼物：可爱、漂亮、能打动人心……

男女小对话 第一次送对方礼物的时候

♂: 费了好大劲儿才找到的，就是不知道你喜不喜欢。

摸不准对方的喜好就只能用自己的热忱来挽回了，要表现自己为了挑礼物费了多大劲儿，再不时提一下自己以前听她讲过想要这个，女人想不感动也难吧。

♀: 这个牌子，感觉很适合你。

不知道男人喜好的时候，就在牌子上下功夫，买一个一流的、衬他的名牌会让他们内心得到满足。

| 场景十四 |

男人讨厌被评价，女人渴望被人评价

　　一个写小说的朋友跟我讲过这样一个现象，如果他对别人说自己正在写一本小说的话，男性朋友会说不要写我，女性朋友会希望把她们写进去。这就体现了一条男女定律：男人不希望将自己的私生活公之于众，女人则想知道他人如何看待自己。对女人而言。如果真的被写进了小说，她们还能顺便过一把主角的瘾。同理可知，如果事前对男女的个性和自尊心有所了解的话，跟异性交谈的时候我们就能避开对方的雷区。

　　男人不想被人指指点点。其实，对他人妄加评论这件事，本身就是站在他人之上"俯视"对方，男人的自尊绝不允许自己被人看扁。因此，在对话的时候，女人突然冒出一句"你真××啊"会让男人觉得很不快，即便这是一句实话。

　　面对这样的男人，女人想要指出他们性格的不妥之处，就得

顾及他们的面子，遵循"明贬实褒"的原则，比如"你这个人真
是冥顽不灵，没办法谁叫我喜欢呢"、"你这个人认真过头了，
不过这也算一个优点吧"，在最后加上一句主观的褒奖，能缓和
男人被人批评的不悦。

最让男人生气的是，他们在被指点了之后，还受到质疑，比
如"你这么顽固的性格不会遭人嫌弃吗"、"你这么胆小也行啊"，
此类直刺人心的话即使是为了他们好，也只会让他们火冒三丈，
越听越生气。所以有时候，女人应该遵循"沉默是金"的原则。

与男人相反，女人希望听到他人对自己的评论，渴望知道自
己在他人眼里的形象。如果别人的想法与她们一致，她们会欣喜
于自己找到了同道中人。也正是如此，女人痴迷于占卜与心理测
试，渴望能从中找到自己的影子。男人评论她们的性格，她们不
仅不会觉得不悦，反而为找到懂自己的人而欣喜若狂。

男女差异小图解

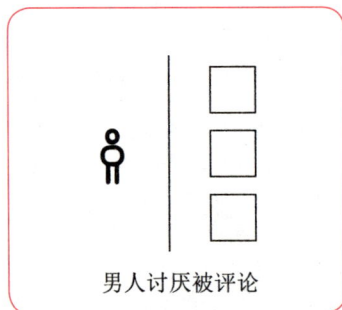

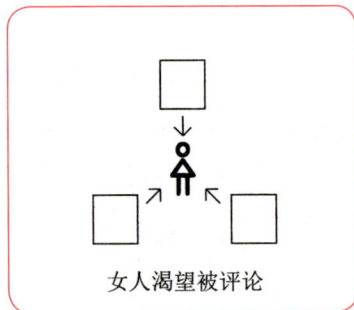

男人讨厌被评论   女人渴望被评论

当然，并不是所有男人都能准确猜中女人的想法，有时候也会说出与女人期待相去甚远的答案，这时候就需要男人掌握一些技巧了。

男人在评论女人性格的时候，要含糊其辞，指出她性格的多面性，正面例子："想不到你也这么要强嘛"、"原来你也会有脆弱的时候啊"，没有人会一直弱势，也没有人会一直开心不感到失落，因此，这样的万用句不管怎样都能让对方产生认同感。另一方面，如果指出对方性格跟平时表现完全相反，会让对方感到强烈的"被识别感"。

这也就是我们常说的"巴纳姆效应"——人们普遍认为笼统的、一般性的人格描述十分准确地揭示了自己的特点。那些普通、含糊不清、广泛的形容词几乎对所有人都适用，在对话时可以让每个人都觉得这是在讲自己，占卜与心理测试的结果也大多以此为根据。因此，我们完全可以拿来为自己所用，以此取得女人的信任，做她们的"知心人"。

TIPS 男人觉得被评论即被看低，女人对懂自己的人没有抵抗力。

此外，男人不想将自己的私事对外公开，不单是不想被评论，还有更深层次的原因。男人本性渴望受异性追捧，如果将有恋人的事被众人所知的话，那就意味着他们再也不能"勾三搭四"了。因此，他们总是倾向于隐瞒恋人的存在，给未来多一些可能性。很多女人遇到过这种情况，在朋友圈更新自己与恋人出游的照片，却招致对方的不悦。对此，女人不要觉得莫名其妙，因为你们这样做相当于向世界公告他是你的，其他女性也会对他敬而远之，断绝了他所有的幻想。

　　不管是日常交谈还是在朋友圈，男人在谈及女人的时候，都要特别照顾她们的感受。女人也要记得照顾男人的自尊，多给他们面子。

男女小对话 在称赞对方性格的时候

♂：想不到你 ×× 嘛。

　　就算内心很不以为然也要强忍住，不断夸赞对方，没能获得对方的赞同时要再接再厉。

♀：虽然你 ××，我还是喜欢你。

　　男人不喜欢被评判，因此在不小心说漏嘴的时候，还是在后面加上一句夸赞的话。

Chapter 03

婚姻篇

家里的女领导与男部下

| 男人靠面子活，女人靠面包活 |

| 男人心里住着男孩，女人心里住着少女 |

| 男人一心一用，女人一心多用 |

| 男人发呆，女人发火 |

| 男人拒绝道歉，女人拒绝放下 |

　　让我们接着谈谈婚姻与家庭吧。

　　经过一场轰轰烈烈的恋爱，情侣们携手走向婚姻殿堂，从此过上幸福美满的生活。如此浪漫梦幻的情节大概也只会出现在童话故事或是电视剧里吧。婚姻不同于恋爱，热恋中的情侣总是天真地认为，有爱就能天长地久。但当他们真正进入婚姻后，曾经被忽视或视而不见的分歧如冰山一角，在日常生活中逐渐显现全貌，成为婚姻道路上的大障碍。这时，指望一句"我爱你"来解决一切，不过是痴人说梦，逃避只会加速婚姻的毁灭。

　　稳定的婚姻关系需要双方的协调维护。做个比喻的话，维系婚姻就像是运营公司，在这个公司里，妻子扮演领导的角色，丈夫则扮演部下的角色。每个"公司"的经营理念各有不同，但是"妇唱夫随"的关系始终如一。将婚姻维持与公司经营混为一谈，听起来似乎不那么梦幻浪漫，但有时候立足现实，才能化解夫妻间的分歧。对于将长期共同生活的男女来讲，抛开不切实际的幻想是解决问题的开始。

男人靠面子活，女人靠面包活

在婚姻这座"公司"里，夫妻作为"合作伙伴"，必须齐心协力、统一战线，才能使"公司"的经营蒸蒸日上。许多夫妻之间的摩擦大都源于对婚姻生活认识上的差异，此时双方的理念若无法达成一致，必将导致"内战不断"。而"战争"的焦点，不外乎"经济大权"、"日常生活方式"等。

女人一般在婚后会性情大变，变得更现实，开始为未来的生活做打算。

大家稍微观察下身边的新婚夫妻便会发现，男人时常抱怨妻子的巨大变化，声称婚后的她已不再像过去一样天真烂漫，她开始掌握家中的经济大权，严格管控家庭收支……其实，在妻子大转变的背后，包含着她们的良苦用心。经历结婚生子后的女人，希望为家庭创造最好的环境。她们开始为养育子女做打算，为购车买房做准备。这样一来，女人不得不在经济上未雨绸缪、精打细算。

在职场中，大部分男人能做到公私分明，而在恋爱过渡到结婚的时候，他们却无法理清关系。这是因为在他们的思维中，结婚与恋爱并无二致。因此，很多男人即便是婚后，仍如从前那样大手大脚，随心所欲地花钱，讲排场、撑面子，今天请朋友吃大餐，明天买一名牌，后天……如果放任男人如此，怕是金山银山也不够他们挥霍。大脑构造的不同决定了男人往往需要一个漫长的适应过程，才能从恋爱模式切换到婚姻模式。如果婚姻真是公司的话，他们大概早已被开除上百次了吧。

男女差异小图解

	性能	配置	外观…
□	✓	×	✓
○	×	×	✓

男人婚后对事物的评价基本不变

	性价比	实用性	折扣…
□	✓	×	×
○	×	✓	×

女人婚后更加精打细算

话说回来，丈夫始终是自己的家人，妻子再怎么火冒三丈也应保持冷静，耐心地跟对方讲理，才是解决问题之道。

正如前文所言，夫妻关系好似工作伙伴，而新婚丈夫就是一位新晋职员。对待新人，有时候需要多一些宽容，对他们的"不懂规矩"尽可能不要放在心上。此外，男人比较擅长朝着目标奋斗，女人不妨给他们树立一个"一年存一百万日元"的目标，相信此类具体化、可行性强的目标，一定能激起他们的斗志。

TIPS 在婚姻中，丈夫是需要调教的新人，妻子是需要耐心的领导。

男人在面对婚后性情大变的妻子时，不必过分沉浸在"物是人非"的感伤中，要知道，婚姻与恋爱本就截然不同，处于婚姻中的双方也要调整曾经的相处模式。

在认清现实之后，男人是时候要做出抉择了：是捍卫原则还是决然放弃。

有些男人放弃原则，唯妻命是从，成为众人眼中的"好丈夫"；而那些捍卫者，则需要跟"领导"进行交涉，要让她们认识到原则对自己的重要性。无视这之间的矛盾，得过且过的做法只是自欺欺人，终将导致两败俱伤。因此，面对难度系数超高的"领导"，男人要使尽全力，放手一搏。

　　不过，"背水一战"也要讲求方式方法。比如，为了买车而试图说服"领导"时，由于她根本不懂那些配置说明，对车本身毫无兴趣，向她夸赞这辆车的性能如何优越只是徒劳。此时可动之以情，把买车与童年梦想相联系——小时候就开始憧憬买这样一辆车，再描绘一下有车一族的美好未来——可以尽情兜风，想去的地方随时去。这么一番动人的叙述后，一定会让妻子松开紧捂的钱包。切记，她们大多吃软不吃硬，大打温情牌才是作战之道。

　　女人似乎都是从结婚典礼这个临界点，开始切入现实模式。经历了梦幻的结婚典礼、蜜月旅行，她们几乎正式从恋爱中"毕业"。即使新婚时勉强维持着恋爱的感觉，在经历生育后，必定由恋人角色转换为母亲角色，开始关注现实生活。面对这突如其来的变化，难以接受而对妻子逐渐丧失兴趣的人也不少，男人要早日接受这个现实，尽快调整自己的状态。

　　总而言之，在婚姻生活中，男人要学会正视女人的变化，而女人也要理解、包容男人的个人原则。

男女小对话 在出现分歧的时候

♀: 我不买 ×× ，只买这个可以吗？

不需要为买东西找各种借口，只要表现自己愿意有条件交换，比如以打扫浴缸换取高尔夫会员。当然，男人最好提出是对方能直接获益的交换条件。

♂: 若要买 ×× ，我们必须在 ×× 之前存够 ×× 日元。

激励男人的手段是制定一个明确具体的省钱目标，单单抽象地谈节俭将毫无效果。

| 场景二 |

男人收藏废物，女人丢不掉废物

　　男人的房间总会摆放着各种饮料赠品、款型相似的手表。而
窥探一下女人的房间，会发现她们的衣橱里躺着各种各样过时的
衣服、购物袋，厨房里是堆积如山的空瓶。目睹这样的场景，大
家都会有为对方房间进行大扫除的冲动。其实，收藏的习惯与性
别无关，每个人多多少少都会收藏些自己喜爱的物品。

　　如果说收藏是种病的话，男人显然比女人严重得多。

　　男人天生是猎人，将捕获的猎物带回巢穴，欣赏着自己的战
利品就能获得满足感。他们的房间堆满了"手办"、卡片，以及
打火机、唱片等在女人看来毫无用处的玩意儿。打造一个收藏品
的世界，以此展示自己的与众不同，收获他人欣羡的目光，大概
这才是他们内心的真实渴望，热衷于收藏的人大多也是出于这个
原因吧。

　　商家只要摸清男人的心理并极力迎合，就能让他们为自己的商品乖乖掏钱。比如××卡与扭蛋机的"手办"总共有三十种，男人总是会有集齐所有"成员"的欲望。越是那些难入手的，越是让男人收藏欲高涨，如秘密发售的玩偶，限时限量发售的商品。他们一边辩解是为了圆自己儿时的梦想，一边大把砸钱，甚至让自己陷入"经济危机"。显然，这一切在女人看来是无法理解的。

　　女人更喜欢收集看似还能用的物品。比如之前提到的那些，过时的衣服咬咬牙也能穿，吃完果酱的空瓶说不定什么时候用得到，衣物包装袋在要装东西的时候也定能派上用场。

男女差异小图解

男人收藏出于炫耀

女人收藏为了再次使用

　　但是，那些压箱底的过时衣服，女人真的会再穿出来吗？真的会有这么多东西要拿果酱瓶来装吗？纸袋子只留一两个不也够用吗？我们不得不对女人"还能用的东西"打一个大大的"问号"。

可以说，女人并非如男人那样，满心欢喜地收藏自己钟爱的事物，她们不过是舍不得丢弃那些看起来还能用的"废物"。

举一个典型的例子，某女性时尚杂志附送了小袋子，若是单独出售，女人大多不屑一顾，但当发现袋子是杂志附赠的，她们心里便盘算袋子一定能派上用场，继而理所当然地买下那本永远不会翻开的杂志。

TIPS　　　男人收藏是为了自己的满足感，女人收藏是为日后做打算。

男女双方成为夫妻，开始在同一屋檐下生活，对对方的收藏没有一分理解与宽容的话，会极易产生摩擦。因此，大家要尝试去理解对方的想法。要知道，男人的收藏一般是出于兴趣爱好，随意丢弃他们的"宝贝"，一定会让他们难过。也许是小时候有过"宝贝"被母亲归为垃圾丢掉的惨痛经历吧，长大成人后为了补偿童年的自己，他们不计代价地收藏，并且不允许任何人靠近"宝贝们"半步。

因此妻子唯一能做的就是静待他们的热情冷却。男人想收藏的物品是数不尽的，对于已经到手的收藏会逐渐失去兴趣，在这个时候，女人只要抓住时机问他们能否处理那些"宝贝们"，相信他们不会拒绝。

女人也是如此，男人同样应该对她们的收藏品给予尊重。男人可能会认为，收集那些物品并非源于喜爱，丢掉并无大碍。的确，丢掉女人也不会哭，然而男人接下来要面对的就是女人无休止的唠叨了。男人若是对那些"废物"实在忍无可忍，不妨请朋友来家里做客，迫使她们收拾整理以迎接客人，或者许诺需要用的时候给她们买更多新的（当然，这个时刻应该永远不会来临）。

男女开始同居后，总会发现对方有很多难以理解的习惯，然而在注意到他人的同时也要检视自己。对对方的收藏习惯一味地批判只会导致彼此关系僵化，我们需要用更多的耐心去求同存异。

男女小对话　想要处理对方的收藏时

♂: 需要的时候，再给你买就是了。

　　女人总会说，这个一定用得着，那个××坏了就能派上用场。男人只要在此时告诉她们：坏了给你买新的！

♀: 我能先把××收起来吗？

　　女人在收拾男人的收藏时，不能"强攻"，要懂得"智取"——这么重要的东西弄坏了可是一大损失，先放到那边的房间怎么样？等到男人热情不再，也就不再对女人的行为加以阻挠。

| 场景三 |

男人心里住着男孩，女人心里住着少女

曾有位哲学家说过，人类有三种性别：男人、女人、母亲。男人自出生到死亡一直是男人，而女人在经历生育后，就会转变成第三种性别——母亲。

男人的内心都住着一个小男孩。哪怕在婚后，他们也不用经历生子的艰辛，所以他们人生中始终缺乏一个契机促使他们改变。他们只对玩乐感兴趣，外表再成熟，也掩盖不了内在的幼稚。虽然近来涌现许多热心照顾孩子的"奶爸"，不过他们也不能完全代替妻子生育、喂奶的责任。

此外，男人多多少少有些"恋母情结"。不论年纪几何，都期盼着身边最亲近的女人像妈妈那样，给予自己关怀与照顾。外出工作时雷厉风行的大丈夫，回家之后却是连袜子都不知道在哪儿的低龄儿童，之所以会有这般差别，大概还是因为身边有一位照料自己的"好妈妈"——妻子吧。

这么看来，男人最喜欢的，仍是给予自己温柔体贴的母亲，因而身边的妻子即使比母亲小那么多，在他们眼里仍是年轻的妈妈。当然，这种母性的光辉对男人来说有很大的吸引力。

女人可受不了当另一半的妈妈，因为她们心里住了一位少女。

读到这里，大家可能会疑惑，前文不是提过女人会变成母亲吗？我们这里讲的，其实只是女人从生产、养育孩子到孩子独立的这段过程中，她们扮演的是母亲的角色。当她们的责任完成之后，也自然而然地希望回到原本的女人角色。

男女差异小图解

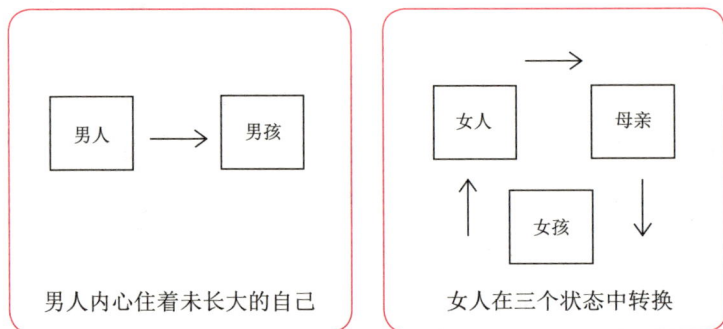

男人内心住着未长大的自己

女人在三个状态中转换

因此，在开始养孩子时，女人需要同时扮演妻子与母亲的角色，这使得她们十分不适应，性生活的匮乏又加剧了她们的不满。再加上男人如孩子般依赖自己，都会让她们觉得别扭。虽然同时扮演母亲与妻子的角色对她们来说并非难事，但她们内心更渴望回归女人的角色。

在小学，女生就在心理上比同龄男生更成熟。在女孩子谈论着各种恋爱八卦时，男孩子还是一心痴迷动漫、足球的小屁孩儿。到了高年级，男生虽然也开始谈恋爱，口口声声说着"喜欢"，但是更多关注的是怎么满足自己的性欲，而此时的女生却在追求浪漫的柏拉图式恋爱。

女人在对男人有所了解之后，多会无奈于他们的幼稚，不过这也是没办法的事，因为男人的心理年龄总是无法达到女人的高度。

在经历结婚生育后，女人会蜕变得更为成熟，男人却一直像个长不大的孩子，照顾自己的孩子以外还要再加上一个"大孩子"，女人当然会有怨言。

TIPS 童心不减的男人总是把另一半当妈，成为母亲的女人仍旧渴望变回少女。

男人想做个孩子，女人想被宠爱，男女如果想在一起好好过日子，就要学会妥协来满足对方的愿望。

为了取悦男人，女人首先得认识到，他内心仍旧是个孩子。对于孩子，我们要成为他们的朋友，跟他们一起玩耍，分享他们的乐趣，听他们讲工作上的各种遭遇。即便是结了婚，自己变成了高高在上的"女社长"，也要不时地聆听"部下"的心声。

讲到这里，不得不提的是，男人对待工作就像对待兴趣爱好一样。哪怕在妻子看来乏味的工作报告，他们也总是饶有兴趣、滔滔不绝地讲个没完。在这个时候，妻子权当听小屁孩儿在报告又和哪个小伙伴一起打游戏、玩的怎么样，时不时附和几句就可以了。

另一方面，男人要注意的是，婚后也要如热恋时那般对待妻子。即使她们已经结婚，切入"现实女社长"模式，但内心深处一定留有某个地方，期望自己能被宠爱。

TIPS　　想要婚姻顺利，男人应该把妻子当女友，女人可以把丈夫当朋友。

领导对公司的大小事务都要操劳，看到她们这么辛苦，纪念日就不必说了，在平常日子男人也不妨给她们一个惊喜，送一些小礼物。这种俗套的把戏就已经足够哄她们开心。

　　不过也有人说，生完孩子的女人由于荷尔蒙的关系，母性泛滥，不管男人多么体贴，她们也会无动于衷。即使荷尔蒙会影响女人的情绪，但她们对周围的感知方式不会变。虽然她们看似性情大变，但各种情绪终究会恢复正常。在此期间，男人应该抛开幼稚的想法，担起作为一个丈夫、父亲应尽的责任，在养育孩子上尽自己的一份力。

　　养育孩子时，男人若能尽心尽力，女人也都会看在眼里。如果逃避责自己的责任，只会为今后的夫妻关系埋下隐患。在这一点上万万不可掉以轻心。

男女小对话 婚姻圆满的诀窍

♂： 我们偶尔去约会一下吧。

　　请注意要使用"两个人"、"约会"等字眼，如果有孩子的话，不妨主动承担起照看孩子的责任，让妻子偶尔做做头发，见见朋友，她们会很开心的。

♀： 今天工作怎么样？

　　就当自己在问放学的小朋友一样，关心一下他们的工作情况，当对方讲得兴奋时，不时地进行夸赞，会令他们很满足。

| 场景四 |

男人一心一用，女人一心多用

　　以前的家庭分工十分明确，丈夫在外打拼，女人相夫教子，做好贤内助，甚至还有"君子远庖厨"的说法，这也是对男女分工的一种诠释吧。不过，那都是过去的事了，当今社会，男主外、女主内的社会结构已逐渐解体，男人也应该为家务、为照顾孩子出一份力。

　　女人天生擅长做家务、带孩子。这是因为女人的左、右脑联系更加紧密，使得她们能够一心多用，理性思考与直觉感应互相转换的复杂操作简直手到擒来。

　　比如女人在把衣服丢进洗衣机后，开始做早餐，还能注意孩子是不是在好好吃饭，顺便提醒男人出门前检查有没有落东西，得空时还能瞄一眼电视——如此复杂的操作，女人都能轻松应对，而对于只能一心一用的男人，这恐怕是难于登天。

男女差异小图解

男人一心一用   女人一心多用

　　因此，男主外、女主内这种家庭构造的形成，跟男女的特性密切相关。当然，这并非说女人不适合工作。

　　当今社会进入了夫妻共同工作的时代，男人不能以不擅长家事为借口逃避责任，家务事、抚养子女都需由夫妻双方共同承担。

　　话虽如此，即便两人都上班，做家务的主力军还是女人，那么男人面对自己一窍不通的家务事时，应该怎么办呢？

　　在家务事方面，还是女人较为擅长，所以男人要做的就是配合她们。这里我们要探讨的就是，男人如何配合女人，女人如何指挥男人。

　　男人首先要认识到自己的短板，在家务方面主要听从女人的安排。与上班一样，闲下来就直接向领导申请工作。若实在无从下手，就当自己是职场新人，虚心请教"前辈"是最恰当的做法。

值得注意的是，丈夫在分摊家务时，总觉得自己给了妻子天大的恩惠，在分摊家务的时候他们大多下意识地说"我来帮你"，妻子们听到后反而会觉得心里不舒服，对丈夫的帮忙完全不领情。事实上，这句话还是不少家庭纷争的导火索。家务事原本就属于夫妻双方共同承担的责任，但许多丈夫错误地认为，家务事只在妻子的管辖范围。这些想法改变不改变都不是重点，重点是不要说出口，说出口只会招致妻子的反感，还可能导致家庭纠纷。放低姿态，态度诚恳地从旁协助才是明智的选择。

例如，孩子半夜哭了，妻子起床给孩子喂奶，丈夫在这个时候帮不上忙，而且第二天还要上班早起，大部分丈夫选择继续蒙头大睡。越是这种时刻，越要考虑半夜独自照顾孩子的妻子的心情，哪怕只是陪着妻子一起哄孩子睡觉，都会让她们深受感动，而忘掉以前的种种不快。在妻子看来，虽然丈夫帮不上什么忙，但是能确切感受到丈夫对自己的关怀就可以了。

TIPS

主动承担家务是男人承担家庭责任的重要一环，哪怕做得不够好，不够多，有诚恳的态度做保障，女人就会心满意足。

另一方面，妻子得站在"新员工"的立场上思考，要知道他们只会执行命令，不要指望对方能像自己那样随机应变，具体问题具体分析。所以，妻子在对"新人"下指令时，应尽量地细化、明确化。比如，让他们晾衣服时，只说一句"你去把衣服晾了"，丈夫可能不知道从哪儿开始晾起。这时需要妻子耐心地教他们将T恤挂在衣架上，手帕内衣用夹子夹住，正确拉伸衣服才不会起皱等。妻子往往会觉得不解，晾衣服还得跟他们吩咐得这么仔细吗？但女人要知道，对男人来说家务绝非易事。

当丈夫完成一件家务时，妻子要大力夸赞他们，告诉他们帮了自己多大的忙。即使有什么不足，也要给对方戴完高帽之后再提出，比如衣服晾开一点会干得更快等。只要妻子认识到自己指挥上的不足后，不随便迁怒于对方，在下次下达指令的时候多加注意，相信丈夫一定会有所改善。听起来可能比较劳神费力，不过也只有这样，丈夫才能好好听指挥分担家务事。

当然，也有很多丈夫不愿插手家事，这时，我们就要拿出团队合作的精神来，秉承"男女搭配，干活不累"的原则，让丈夫倒垃圾、自己洗衣服，这样一分工，相信丈夫也能欣然接受。

单单迁怒于丈夫的"不作为"于事无补，好好研究如何说服他们接受安排才是该考虑的问题。家务事与带孩子不再是游戏，而是切切实实的责任。这一领域完全由女人主导，以棒球为玩伴而成长的男人几乎是一窍不通。然而，在现代社会中，夫妻双方必须通力合作，妻子领导，丈夫配合，才能经营好家庭生活。

男女小对话　夫妻共同承担家务的时候

♂：我要怎么做才好？

在工作中，男人大多在任务完成后，会向领导索取更多的任务，对待妻子也是同理，要主动询问自己可以帮什么忙。当然，妻子也会在某些地方有特殊要求。切记，一定要按她们的指示行动，当自己渐渐得心应手之后，便可以"先斩后奏"了。

♀：我想……，你能帮我……吗？

在丈夫提供帮助时，妻子要仔细告知他们方法，当然，如果他们能出色完成家务，对自己也是一种帮助，因此不要忘记适时地夸赞。如果只盯着不足之处而不断地批评，只会换来男人的不满，让他们更加远离家务。

男人发呆，女人发火

男人在家中，大部分时间看起来都呆呆的。有些人认为，男人之所以有如此表现，是因为他们大脑里负责图像的右脑超负荷运转，为了集中精力，只好停止一切外部活动，也可以说他们需要一定的时间反应。正相反，对于女人而言，完全可以一边做闲事一边思考，她们大多觉得男人那般"专注"纯属浪费时间。正是由于思维方式的不同，丈夫常常无法理解妻子为何总是不能放任自己静一静。

夫妻间这种状态上的差异，也是导致家庭关系不和谐的因素之一。

暂且抛开大脑构造的因素来看的话，男人在家里确实有点过分。但男人天生比较迟钝，婚后渐渐开始将妻子"母亲化"，不知不觉就完全依赖妻子了。

　　在古代，男人白天需要狩猎或战斗，现代是需要上班，不变的是，他们一直选择放空自己来消除整日的疲劳。回到家，他们会完全无视忙着做家务事的妻子，好不容易有些动静，竟然是约朋友去打球。若是孩子把一切看在眼里的话，也会觉得自己的爸爸是一个没责任感的人吧。

　　而女人在家里大都是大声说话、不耐烦的状态。作为家中的高层领导，妻子要为大大小小的事操劳，日常收支、孩子升学、邻里关系……她们有操不完的心。而且，感知发达的她们总能注意到各种细节，也因此背负了很多不必要的压力。

　　很多男人不能体会妻子的辛苦，反而觉得她们麻烦，有时甚至有些恐怖。原本想在家里放松身心的他们，莫名其妙地挨了妻子一顿批评，满心的疲惫得不到缓解，渴望放松却有家归不得，便渐渐不想回家，开始在外面寻求栖息之地。既然家里的妻子不让自己消停，丈夫只好向他人寻求安慰。这种行为虽然不可原谅，但是造成这样后果的妻子也有一定的责任。

　　为了避免此类事情的发生，夫妻需要共同创造出一个温馨和谐的"家庭港湾"。人们在职场上总是时刻保持紧张感，其实在家里也应如此。

　　我认识一个朋友，他在家就从未想过要放松。每天下班，他都会给自己鼓劲，因为回家并不意味着工作的结束，对他来说，一句"我回来了"代表着新一轮工作的开始。

虽然现实中能做到这样的男人少之又少，但是至少提醒自己，在家也要保持紧张感。

其实有时候转换角度，将家庭问题当作职场问题来对待，说不定能轻松解决。上司发飙时，没有人会傻到说"课长，别生气了，这样弄得大家都很尴尬啊"之类的话吧。聪明的做法是，先安抚他们冷静下来，待到心平气和再讨论。在家也是一样，当妻子不开心时，不妨等她们一会儿，感觉她们心情平复后，再引导她们发发牢骚，倒倒苦水。

另一方面，女人完全可以把丈夫当成无能的手下，只会机械地根据指令行事，不要期待他们能体谅自己的难处，想让他们做什么的时候，尽管命令他们去做就行。不过在发号施令时，要注意自己的情绪，语气一定得柔和，让人听起来像是请求而不是命令，这样才会使对方产生责任感和虚荣感，马上就有动力做家务了。

TIPS 在婚姻中，女人的咄咄相逼可能会将另一半推入他人怀抱。而男人的逃避，也会让自己和爱人越来越远。

此外，作为领导的妻子有时也要体谅下属，让丈夫能自由地

出去喝喝酒，跟朋友聚聚会，或者放任他们埋头于自己的爱好，
这既彰显了自己的大度，也能让丈夫更爱自己。

　　在本章的开头，讲到了维系家庭好比经营企业，认识到这一
点，我们就不能意气用事，只考虑自己的感受，而要保持适度的
紧张感，相敬如宾才是夫妻间的最佳状态。夫妻长期共同生活，
难免会逐渐发现双方的缺点，相互包容，设身处地为对方着想很
关键。

男女小对话 向对方表示关怀的时候

♂: 你怎么了?

　　先观察妻子的状态,然后轻声询问。如果回答没什么,就表示她仍需冷静一下。

♀: 你怎么了?

　　看到丈夫又在发呆,先表达一下关心。如果回答没什么,那就装作有事相求的样子,把家务事交给他。

|场景六|

男人在人前话多，女人在知己者前话多

男女沟通主要是通过诉说与倾听，只有在这两方面做好了，才能保持和谐的夫妻关系。但男女对倾诉对象的要求有很大不同，那夫妻之间怎样才能顺畅地对话呢？

男人倾向于在外人面前展现自己。他们希望得到他人的认同，拥有更广泛的影响力，获得他人的尊敬，于是人前的他们总是竭力地多讲话，特别是在提及自己的工作或专业领域时，他们更是滔滔不绝。因此，那种在众人面前的演讲，最终会变成男人自我炫耀的手段之一。

顺便讲讲男人的说话特点，他们在进行类似于演讲的交流时有一个定式——首先是礼节性的问候，然后快速切入话题，条理清晰、重点突出。演讲对他们来说更像是一项任务，要掌控好说话时间，遵循一定规则，完成任务时，他们能从中获取极大的成就感。这也是大多数男人比较喜欢演讲的原因。

不过喜欢讲是一方面，谈话内容是否能吸引他人的兴趣就另当别论了。在婚宴上，令人潸然泪下的往往是新娘的讲话（尽管新娘的话跳跃性比较大，大部分也只有她自己能懂）。新郎讲的大多是场面话，生硬客套，时不时也会蹦出一些冷场的话来。他们本人并不觉得这有什么问题，甚至还为自己圆满完成任务而沾沾自喜。

男人人前话痨，回家后却默不作声，这是因为他们白天在人前花费过多精力，回家后只能放空大脑，养精蓄锐。不同的是，女人倾向于对亲近的人多说话。

男女差异小图解

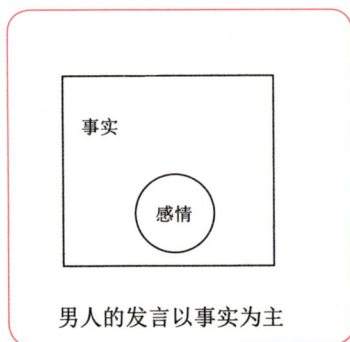

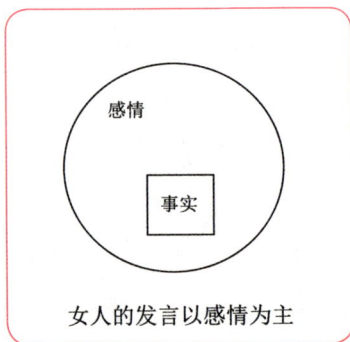

男人的发言以事实为主　　　　女人的发言以感情为主

女人本就喜欢通过聊天缓解工作和生活上的压力，寻找互相理解的人。因此，在丈夫、孩子以及好友面前，女人的倾诉欲会愈加强烈。而如果邀请女人在众人面前演讲，她们多半不会答应。

TIPS 　在男女沟通上，男人渴望尊重，女人渴望理解。男女需要为对方的不同要求而调整自己。

　　丈夫热衷于展现自己，而妻子则寻求相互理解，男女的谈话习惯的差异使得双方的需求得不到满足，沟通减少的同时摩擦也会逐渐增多。对此，夫妻双方有必要摆正姿态，理性地交流。在这里为大家介绍男女通用的倾听的三个法则。

1. 不提建议
2. 不插话
3. 专心聆听

　　接下来，我们将进一步地详细说明。

◆ 不提建议

男人热衷追求结论，倾听时会不自觉地给对方提建议，教她们怎么做。不过相信大部分讲沟通的书中都会提到，女人倾诉的目的并非解决问题，而是寻求理解。此外，提建议很容易给人一种居高临下之感。因此，请按捺住想"总结陈词"的冲动，静静地做个善于倾听的好男人吧。

◆ **不插话**

对方讲得正起劲时，即使对有些问题比较在意，也不要随意打断她们询问一些细节问题。说话时节奏很重要，在讲得正起劲的时候被打断并不停地回答问题，任谁都会感觉被泼了一盆冷水，倾诉的热情也随之消散。即便有疑问，为了谈话时融洽的氛围也要忍一忍。

◆ **专心聆听**

要注意专心"听讲"。女人在滔滔不绝"开讲"时，突然发现对方的思绪飘到外太空，对她们的打击可想而知。时不时地看手机、瞟电视，这么明显的"犯规"动作当然是禁止的，在倾听的时候，也不要分心想别的，要知道男人有什么动静都逃不过女人的"火眼金睛"。

了解完这些基本原则之后，丈夫要做的就是回到家认真倾听妻子讲话。

虽然对于下班想要好好休息的丈夫来说，妻子喋喋不休的唠叨十分令人头痛，疲于应付的他们大多直接无视妻子。但其实换个角度思考，如果是工作中的领导跟自己搭话，即便自己再怎么筋疲力尽也还是要认真倾听吧。

在家里也是这样，丈夫们要记住，面对家里的"领导"，根本就没有"我不听"这个选项。放弃挣扎，老老实实坐下来听她们唠叨才是明智之举。要明白，在家庭这个企业中，听"上司"发牢骚也是工作之一。

同样的，女人也应耐心聆听丈夫的谈话，即便都是些乏味无趣的职场谈资。妻子不必完全对丈夫的话感同身受，只要做一个安静的旁观者与聆听者便足够了。在对方没有讲话意愿时，也可以主动询问他们的状况，在对方开始展现自己、夸耀自己时，附和性地进行称赞。妻子若能做到如此，相信丈夫回到家会很愿意与妻子交流。

如果双方交流实在勉强，找不到突破口，不妨相约去喝杯小酒，几杯酒下肚，会发现很多烦恼都不足挂齿。而且在酒精的作用下，时间也会过得很快。次日清晨起床，记忆多停留于前晚出门喝酒之事，而具体的聊天内容早已抛到九霄云外。这样同事般的聚会，有时候能有效增进夫妻之间的交流，大家不妨尝试一下，说不定会有意想不到的效果。

我身边就有很多夫妻经常一起喝小酒，他们的夫妻关系无一

例外都十分和睦。有酒在手，烦恼不愁，说的便是他们吧。看似
不值一提的小事，完全可以跟对方谈一谈个人的感受，沟通与了
解不就是这样一点点积累起来的吗？维护和谐的夫妻关系绝非一
朝一夕之事。

男女小对话 模范夫妻对话示例

♂：……确实如此啊，我懂的……确实……

最基本的做法是站在妻子的立场考虑。在每句话的末尾带上表示附和的"……呢"，提建议时尽可能委婉，表示除此之外还有别的选择。

♀：这样啊，真棒！

最基本的做法是追捧，"太棒了"、"好厉害"之类的词反复使用了的话，直接谈谈自己的想法。提建议时一样要注意含蓄，表明"……的话，会……呢"。

男人求常，女人求变

　　前面提到过，大多女人有变身的愿望，女人的大脑构造决定她们能灵活地随机应变。她们也期待男人能跟自己一样灵活。而多数男人不适应周围环境的快速变化，并且内心抗拒改变，即使他们确实想要成长。

　　正所谓"江山易改，本性难移"，想要改变男人固执的想法简直比登天还难，绝非女人想象中那么轻而易举。而在这样的情况下，一方追求改变，一方固执不变，冲突也随之而来。

　　在这里先要提醒女人，切勿相信对方会为自己改变，更加不能抱着这样的想法结婚。已经出过轨的男人就不要期待他婚后会忠贞，花钱大手大脚的男人就不要期待婚后他会用财有度，只顾工作的男人就不要指望他会多抽时间陪自己跟孩子。男人一旦形成了自己的做事模式，就不会轻易改变。女人对男人期望越高，自然失望也会越多。

这样看来，丈夫就像是刚进公司自尊心强又一无所能的新人，他们毫无根据地相信自己，听不进他人的意见，不相信规则，只遵循自己的做法。在他们的思维中，改变即妥协，意味着输人一等，同时，适应新规则费时费力，他们也不情愿付出这样的努力。

如果真有这样的下属，领导应该是一想就头大了吧，不过天下的丈夫都一个样，自己的丈夫并非个例，认清现实之后，才能谈怎么解决这些问题。

> **TIPS** 女人要切记，相信对方会为自己改变是不现实的。

在这里给丈夫提一点建议，顺从妻子的意愿改变自己往往会更轻松。丈夫一天不改，妻子会时刻紧逼。因此，丈夫不妨行"缓兵之计"，态度诚恳地表现出自己愿意做出改变的意向，相信妻子一定会放自己一马。

若能将妻子视为爱操心又能干的领导，可能这一切就更容易理解了。在家里妻子多会限制丈夫的零花钱，限制丈夫喝酒聚餐，督促丈夫禁烟，这些对男人来说简直是"丧权辱国"的条约，本着捍卫"领土"的原则，许多丈夫会选择反抗到底。不过男人若是理智思考的话，就会发现妻子大多数情况下都是对的，控酒禁烟有益于身体又能节约开支，"领导们"都是在为整个家庭着想。

TIPS　　　**面对爱操心又能干的"领导"，听话才是男人的第一选择。**

　　此外，女人白天上班不得不遵从公司的规则，好不容易下班，当然希望丈夫能按着自己的规则办事。不时想想家庭的经营模式，每个公司的领导都希望员工能适应公司的文化，家里的"领导"当然也希望丈夫能听从自己的建议。

　　放低姿态，向妻子示弱才是正确的做法。当然，若能完全按照妻子的说法施行是再好不过了，不过千万不要勉强自己。对于妻子的要求表现出顺从、愿意试着改变的姿态是关键中的关键。

　　在人前表现自己"妻管严"的一面虽然让丈夫没面子，却能让妻子笑逐颜开。起初可能会受到男性朋友的各种揶揄，但是时间久了丈夫自然会发现，取悦妻子才是最重要的。毕竟妻子才是自己今后几十年，每年三百六十五天要面对的人，努力改变自己，并诚恳地赞同她们往往能完美解决问题。

　　然而男人也要注意，妻子绝对不允许欺骗自己的行为。例如已经答应了要戒烟，却又在背后偷偷抽烟，瞒着妻子去喝酒之类的事，一旦有犯，会马上被妻子识破，要知道她们可是感官发达的"超人"。

　　一旦经历过一次欺骗，丈夫就休想再博取妻子的信任。为长远计，丈夫还是不要铤而走险更妥当些。实在无法完全戒烟的情况下，跟妻子坦白说明自己短期无法戒烟，不过会保证在家里不抽；喝酒的话只在有欢送会的时候才去。面对妻子的要求，丈夫要展现出自己努力的姿态，再作打算。

　　同时妻子也不应对丈夫抱过多的期望，要明白，改变并非是一蹴而就的事情，往往需要耐心的等待。生气、发脾气只会让关系变得紧张，耐心地对他们进行指导，对他们的可取之处进行褒奖，积极地和他们交流，才能达到最终的目的。

男女小对话 在制定新规矩的时候

♂: 我一定会加倍努力!

　　从长远来看,对于"领导"讲的话还是不要反抗的好。至少要让她们明白自己是愿意服从安排的。

♀: ×× 的话不是效率更高吗?

　　在讲明原因的时候尽量要有理有据,让对方明白自己。而那种只顾发号施令、不平易近人的"领导",终将因不得人心而失去他人的支持。

男人拒绝道歉，女人拒绝放下

男人视尊严如生命，吵架之后，他们总是幼稚地认为，道歉就是认输，就是失掉了作为男人的尊严，因此，他们的词典里没有"道歉"这个词。而女人则刚好相反，她们认为道歉无关乎尊严，如果女人觉得自己做错了或者认错能平息争端的话，她们会立马道歉。但若是对方的过错的话，即便对方赔礼道歉，她们还是会把这件事记在心里，耿耿于怀，看来记忆力太好也不是件好事。

不管是关系多么和谐的夫妻，婚后长时间生活在一起总会有分歧，会吵架。发生这样的事情时，我们怎样才能和平解决争端呢？

在人际交往中，吵架之后相互道歉是常识，而且，只有道歉了，已经发生的所有事情才能一笔勾销。若是能做到这些，两个人即便意见不合，问题也能慢慢解决。

　　男女关系上也是如此，吵架之后要立即道歉！男人要铭记于心：吵架之后，道歉是和好的基础，也是解决问题的正确步骤，只有这样才能过上"和平"的日子。要知道，道歉不过是一种手段，不必过于认真，并且不要指望妻子能包容自己的一切，试想你在公司犯了错误，面对领导时，没人会因为自尊心而拒绝向上司道歉吧。同理，在面对家里的"领导"时，道歉才能平息纷争，好好过日子。

　　而在道歉的时候，要想打动妻子，就得从心出发，动之以情。

　　例如在纪念日，男人被迫加班不能提前回家，这时打电话回家报告的正确方法应该是："你好不容易为我们的纪念日准备了这么多，而我却丢你一个人在家，真是对不起。"但如果男人只是就事论事的话，那些阻碍回家的原因在女人听来就像是借口，即便是领导确实突然有急事留男人加班。不管出于怎样的原因不能按时回家，让妻子空欢喜一场已经是不争的事实，一味为自己辩解，并不能弥补妻子内心受到的伤害，在这种时刻，道歉远比解释要明智得多。

　　另一方面，女人要谨记，在吵架的时候，翻旧账绝对是影响感情的做法，放手过去才能向前看。女人的记忆力超群，男人几年前的过错她们都能记得一清二楚，她们甚至能回想起当时的心情，甚至感同身受地再次哭起来。因此一到吵架的时候，她们会翻出男人曾经犯过的错误，甚至为三年前男人约会迟到十分钟的事情来指责对方，但此时已毫无印象的男人只能是一头雾水。

TIPS

吵架后，男人对妻子不必费劲找借口，老老实实地道歉才是王道。女人也要学会适当地糊涂些，对过去放手，要知道，"对不起"的正确回答也是"对不起"。

其实，多次用同一个过错来责怪男人未免不大厚道，换位思考一下，女人怕也接受不了这种事情。而且，大部分男人对那些事早已没了印象，于是他们会感觉自己被当成了出气筒，并因此感到愤怒，如此恶性循环，夫妻关系便没了好转的可能。

抹杀女人大脑里不快的记忆简直是天方夜谭，不过，女人在吵架时可以尽量集中于眼前的问题，不要过多提及往事。在男人放下自尊来向自己道歉的时候，给对方一个台阶下，也承认自己的错误。很多人在听到"对不起"的时候，回答"没关系"。在我看来这都是耍赖，在对方诚恳道歉的时候，我们也要真心地回一句"对不起"才对。

想要和好如初的话，男人需要道歉，女人需要放下。虽然这样的做法给人感觉错的只有男人，但这很正常不是吗？夫妻吵架

后道歉的不一向都是男人吗！而且，男人越早道歉，夫妻越容易
和好如初。

　　不论在外面多么呼风唤雨，男人回到家后还是得看女人脸色。
为了鸡毛蒜皮的事吵架、冷战，长时间相互不理不睬并不值得，
因此尽早向对方道歉，即使只是做出一个姿态也可以结束争吵。
请谨记，给彼此一个台阶才是正事。

男女小对话 正确的道歉方式

♂: 抱歉又让你失望了。

　　光说道歉并不会使对方信服，要具体指出自己在哪方面做错，关注对方的感受更易打动她们。

♀: 我也很抱歉。

　　在被追问为什么道歉的时候，编也要编个理由出来，重点是自己道歉的姿态。

Chapter 04

职场篇

当男人与女人合作的时候

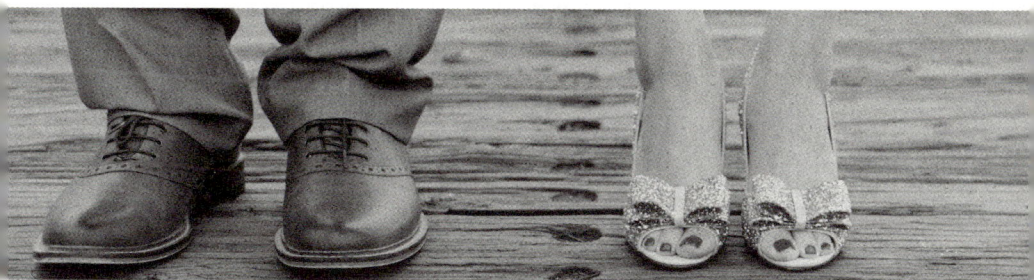

| 男人渴望夺目，女人追求价值 |

| 男人在乎结果，女人在乎过程 |

| 男人渴望被世界认同，女人渴望被圈子认同 |

| 男人在乎职位，女人在乎氛围 |

| 男人工作时奋不顾身，女人工作时随机应变 |

　　最后一章我们将要探讨的是职场。

　　在职场这个弱肉强食的世界里，上司和下属的关系是整个职场关系的基础，部下的职责是执行各种命令，而领导的职责则是发号施令。

　　女人与男人在职场上公平竞争的历史并不算久，因此女人未能在职场规则上发挥巨大的影响力，主要还是按照男人的规则行事。在纵向社会，人们重视结果甚于过程，在横向社会，女人则更注重关系和睦。在"竞技"的过程中，男人洞悉职场的纵向关系，与女人相比优势更为明显。当然，这并不意味着男人可以高枕无忧。现代社会，职场女性同样具备男人所没有的优势，男人也要向女人学习，增强对彼此的理解，共同营造和谐的职场氛围，双方各取所长才是最理想的状态。

　　在职场上，我们需要与他人和谐共处，使工作得以顺利开展，那么怎样才能与周围的人进行有效的沟通呢？这值得我们共同探讨。

| 场景一 |

男人渴望夺目，女人追求价值

　　之前在基础篇也提到过，男女的价值观可以用"棒球"与"过家家"进行概括。男人从小就接触棒球，由此开始适应纵向社会的规则，为了胜利拼尽全力，这与职场的规则十分相似，因此很多时候男人比女人能更快地适应职场。

　　从小受过家家的熏陶，女人总是能很好地协调与他人的关系，她们在合作性与同理心方面更胜一筹。而职场初期要求却希望人们尽快崭露头角，女人的优点此时往往"无用武之地"，甚至对前途有负面影响，这也使得有些女人的才能始终处于被埋没的状态。然而，在职场的后期，女人的这个优点将发挥重要的作用，她们善于合作的优势使她们更适应所处环境，也更易得到他人帮助，有助于工作的完成。

　　男女差异如此明显，他们在工作上的追求自然也各不相同。

对男人来说，工作是他们的全部。尤其是在恋爱、结婚的阶段，大多数情况下女人才是主角，作为配角的男人唯有将"目标"转向工作。

女人的人生经历比男人更丰富，她们会经历恋爱——结婚——工作——生子等阶段。而对于男人来说，工作长久地占据了他们的生活，几乎是他们的全部，从二十岁开始持续四十年，结婚生子之后还要赚钱养家，没了工作如同没有退路。在这场旷日持久的游戏中，男人付出更多，想要在职场赌一把的心情也是可以理解的。

抱着这样的心态，男人费尽心思，想要出人头地。前段时间大火的电视剧《半泽直树》就是讲述这样一个故事，主人公运筹帷幄，在工作中崭露头角，最终实现了对敌人的"以牙还牙，加倍奉还"。在努力达到成功的巅峰之后，等待主人公的将是升职、加薪、更大更好的公司等。

对"成功"的定义虽然每个人都略有不同，但无一例外的是，男人渴望被赞扬，渴望收获他人欣羡的目光，渴望得到权力，渴望站在他人之上。小时候他们为了得到母亲的夸奖而发奋学习，这一点上在长大后几乎没什么变化。

在工作上，女人更多追求的是工作的价值。这份价值在她们看来可能是工作的乐趣，或是自己的工作给别人带来的帮助，抑或自己的无可替代性。因而有人在就职前会特别注重公司的人际关系、内部和谐度等与职场氛围相关的方面，也有人考虑比较长远，产假制度、福利待遇等也纳入她们的考虑范围。实际上，女人是在寻找一个能发挥自己价值的地方。

其实，大多数女人对成功没什么兴趣，她们只想像过家家一样，在职场上与大家和谐共处。在她们看来，在职场上即便是崭露头角、胜人一筹，但若因此招致他人嫉妒，甚至遭到交际圈的排挤实在是得不偿失，因此而逃避重要工作的女人不在少数。

男女差异小图解

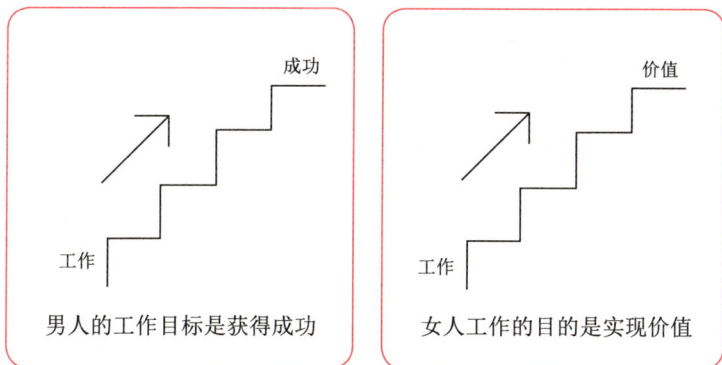

男人的工作目标是获得成功

女人工作的目的是实现价值

不过，女人如果一味只顾自己得失、害怕承担责任的话，必然会招致共事的男性同事的不悦，他们很可能拒绝与如此不负责任的女性同事共事。试想在棒球赛里，男人拼尽全力向前冲刺的时候，自己的女性队友却表现出对比赛胜负的漠不关心，感到愤怒也是情理之中的事。

在职场上，向男人展示自己必胜的决心，即便是违心也要展现出想要大干一番的姿态，这样能激起男人的干劲，既能使对方安心，也能让对方更卖力地工作。

男人大可利用自己对女人的了解，在工作上对她们加以激励。由于大部分女人对升职不感兴趣，因此需要"另辟蹊径"。比如肯定她们的价值，强调她们的无可替代性，或者谈一谈她们对自己的帮助以及自己的感激之情。如此一来，女人会感觉到上司对自己的关注，心存感激的她们自然在工作上加倍努力。女人大多关注工作内容多于结果，在这一点上，女人的工作态度要比男人单纯。

> **TIPS**
>
> 对男人来说，职位、年收入、大公司……都是他们工作的动力。简单说，男人追名逐利成瘾。对女人来说，在职场上实现自身价值，得到良好的人际关系才是她们关注的。

近年来，关注工作内容多于成功的男人也越来越多。这是因为在现代社会，基本模式是夫妻共同上班，即便妻子的工资不及丈夫，丈夫也不像从前一样是家里唯一的顶梁柱，他们不需要再为养家忍气吞声。少了养家糊口的压力，男人的想法也开始逐渐变化，想法偏女人化的男人比例逐年增加。

退休后，大部分的男人会发现离开工作的自己一无所有。而女人一直设法避免让工作成为自己的全部，她们在工作之外大都保留着个人的兴趣爱好与人际圈，即使辞掉工作也不会陷入自我怀疑的失落之中，迅速开始生活的第二春。在这一方面，男女双方若能相互学习，取对方之所长，相信必能给工作带来积极的影响。

男女小对话 激励对方的时候

ㅇ: 这件事只有你才能办到。

　　要让对方觉得自己备受关注，例句："这件事很重要，所以得交给你来办"、"希望你能发挥你独特的鉴赏力"等，这类话对女人很有效。

ㅇ: 我们一定要成功！

　　要让对方看到自己必胜的决心，例句："有什么要办的尽管告诉我"、"我一定不会输"等，对男人也很有效。

男人满足于权力，女人满足于安定

男人渴望到达成功的巅峰，享受瞩目的感觉；女人希望在工作中追求自己的价值。二者追求不同，努力的方向自然也大相径庭。简单来看的话，男人追求权力，女人追求安定。

对于努力工作的男人来说，最大的激励便是升职，成为主任、系长、课长、部长，在这期间他们的社会影响力不断增强，负责的项目规模也越来越大，这一切都会让他们获得巨大的成就感。

职位的高低可以使每个人掌握的权力变得一目了然，这也是为什么男人会如此在意职位。上司的赞扬只是空洞的语言，实际的职位才是对他们最大的肯定，哪怕只是临时的项目组长也能让他们觉得干劲十足。

在这一点上女人更为现实，仅仅只是形式上的职称对她们来说并没有多大的吸引力，与其仅仅因为职位上升，自身的担子不断加重，她们更倾向于做一个普通但压力小的职员。

男人看重地位也不是一天、两天的事了。翻阅一下从前军人的照片就会发现，他们从那时开始就在军装上佩戴勋章来彰显自己的赫赫战功。仅凭勋章就能推测出一个人地位高低、权力大小，对男人来说这真是求之不得的评价体系。

试想若军队由女人来把持的话，勋章制度或许很快就会消失无踪吧，像这种用来一较高低的制度对她们来说没有任何价值，她们追求更实质的、看得见摸得着的价值。

男人追求的地位大致分为两种：第一种是"占山为王"，在自己小小的公司里实现自己的完全支配力。中小企业的社长就是典型的例子吧，即便公司规模不大，却能对公司上下施加自己的影响力，他们也因此感受到权力的快感。不过有时候，权力的滥用也会让公司陷入"独裁"统治的危机。第二种则是在一流的大企业当领导。对正在求职的男性应届生随机采访时我们发现，他们普遍想去大公司，衡量的标准一般是公司的知名度，而不是工作内容。一旦在大企业开始工作，对权力的渴望促使他们以课长、部长作为目标而努力奋斗。

虽然应届生的目标都是进大公司，不过女生在选公司时的表现比男生更为脚踏实地。她们对权力和地位并没有多大的野心，吸引她们的是高薪、高福利、完善的产假制度这些实实在在的利益，而这一切也只有大企业才能提供。

男人要么希望成为小公司的社长，要么渴望达到大公司的课长，权利是他们永恒追求的目标。而女人更加偏爱福利待遇优厚的企业。

　　说句题外话，结婚与入职对女人的人生都有着举足轻重的影响，可以说，两者在某种程度上是很相似的。很多女人在选择结婚对象时，挑中了与恋爱对象完全不同的人，她们更倾向于选择大公司里看似前途无量的普通员工，而非仅是现在生意风生水起却看不到未来的小公司的老板。在就职的时候，恐怕她们也是以同样的标准来打量公司的。

　　一旦开始工作，女人会想尽办法来使自己在公司里稳定下来，不时跟领导、同事沟通，搞好关系，努力将职场打造成同事之间和睦相处的"乐园"。她们希望得到他人的肯定，渴望被需要，只要在公司里占有一席之地便心满意足。而男人则完全不同，即使所有人都不理解他们也无所谓，功成名就才是最重要的。

　　在了解男女间的这些差异之后，应对人际关系就显得简单多了。应对男性部下时，要做的就是给他一个职位，即便只是临时的，没有什么能比这个更能激起他们的干劲，比如××项目的主任之类的。在权力得到证实后，他们定会干劲十足。

　　而女人不喜欢虚无的东西，如果想要奖励她们的话，给她们加薪、放假才是最实际的，此外再加上几句感谢她们的话，肯定她们的价值，也会让她们心满意足。

　　不过有时候，我们并不能单以性别一概而论，因为现实生活还存在"渴望安定的男人"与"追名逐利的女人"。因此，细心察觉他们内心的期望，才能更好地"对症下药"，解决问题。

TIPS　　普遍情况下，想要对方在职场上努力工作，我们可以给男人地位，给女人实物。但此法不可一概而论。

男女小对话 提高工作干劲的时候

👤: 你要是能一直待在我们公司就好了。

　　直白地表达她是自己需要的人才，表明没她不行，不希望她被别的公司挖走，最后再给她放个假，相信她一定会大受感动。

👤: 这次希望由你来做项目组长。

　　只要给男人职位与权力，哪怕只是暂时的，他们也会竭尽全力完成任务，也可以直接让他们负责一件事，或者表示出希望他们领导一个团队的意向。

男人在乎结果，女人在乎过程

在工作上，男人注重结果，女人注重过程，虽然在前面我不厌其烦地提到"棒球"与"过家家"这两个概念，但在这一章还是很有必要再提一次。

男人从小受棒球影响，对"1比2惜败"、"13比2完胜"这类胜负得分十分敏感。因此在夸赞男人的时候像"×%的目标你也达成了，能想到用××法你真是太厉害了"这种强调具体数字的夸法令他们十分受用。在数字方面男人较女人敏感，更容易被数字打动。

女人自小受过家家游戏的熏陶，更重视大家一起其乐融融的氛围。在游戏里，大家和睦相处，没有任何规矩，不需要结果，自然也就没有胜负之分，这也直接导致女人不重视结果的性格。在工作上，她们比较在乎大家如何齐心协力一起应对企划的发表，

如何彻夜不眠地准备活动，最后发表成功或是活动得以成功举办
的话，她们当然也会打心眼里感到开心，却不会像男人那般兴奋。
这是因为她们看重过程多于结果，尽力之后不管结果如何，她们
都会坦然接受。因此，在肯定女人的时候，要着重强调她付出的
努力，并对当时她们的经历感同身受，关注她们的感受才能打动
她们。

男女差异小图解

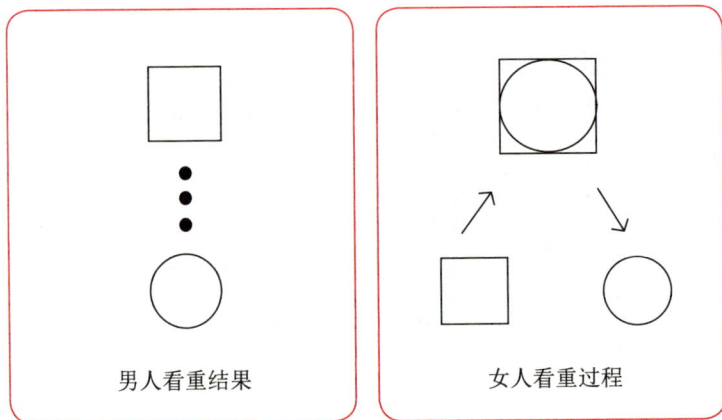

| 男人看重结果 | 女人看重过程 |

女人注重过程的特征与她们大脑的特殊构造息息相关。在人
类大脑里，控制记忆的部分称作海马体，而女人的大脑中，海马
体所在的大脑边缘体比男人发达很多，因此人们普遍认为，女人
的记忆力远高于男人。

TIPS 　　夸赞男人时要实事求是，夸赞女人时要感同身受。

　　此外，女人大脑中掌握情感的扁桃体与海马体的交流比男人顺畅，因此对比较打动人心的事，女人能将整件事以及自己的感受一并储存，此后只要回忆起那时的感受，整件事的来龙去脉都会浮现在眼前，这也是女人如此重视过程的原因之一。

　　在工作中，男人即使与女人付出同样的努力，准备过程中的细节他们也大都会忘得一干二净，更不必提及充实感什么的了。在他们看来，唯一可信的是确切的、看得见的数据或结果，这也是为什么男人会这么重视数据或结果的原因吧。

男女小对话 犒劳部下的时候

♂: 虽然过程很艰辛，不过还是很开心啊！

　　过程与同感兼顾，可将这句话当成范文来用。其他例句如"当时对方生气了，还真不知道怎么办才好（过程），但最终能成功真是太好了（同感）"。

♀: 能达到×亿元的也只有我们部门呢！

　　数据与结果"双管齐下"，记住要二者相结合，其他例句如"在仅仅×个月（数据）之内就完成了××（结果），你受社长嘉奖也是实至名归啊"。

| 场景四 |

男人渴望被赞扬，女人渴望被理解

即便大家已经是成年人，也还是渴望他人能对自己的努力进行肯定。不过当然不是信口胡夸，要知道，男女各自被打动的点不一样，因此夸人也要"对症下药"。若能掌握夸人的技巧，那人际关系必定会上更上一层楼。

首先，我要给大家介绍男女通吃的"夸人四原则"，希望大家能牢牢记住它们。

◆ 留意对方近来的变化并予以夸赞

对对方细微的变化要细心地捕捉，例如在对方剪了头发、换了妆容、上班更早的时候要及时地指出，这在某种程度上表明了对方的重要性。女人对于久别重逢的女性朋友，会将对方从头到脚地夸赞一番，这样才能一解久别重逢的欣喜，"你新买的包吗？

好漂亮"、"你最近是不是瘦了啊"等类似的对话对于女人来说是家常便饭。

男人可能会对此类毫无意义的话不屑一顾，不过不可否认的是，也只有女人才能观察得如此细致入微，敏锐地捕捉到对方的细微变化，夸得对方心花怒放。因此，男人不妨向女人学习，养成仔细观察身边人的习惯。

◆ 夸人也要投其所好

这就需要仔细体会对方想要被赞扬的部分了。例如在他们剪了新发型，或是作品发表成功之后，内心都会希望有个人来肯定自己。这时我们唯有站在对方的角度，考虑他们的感受，才能做到投其所好。

◆ 真心夸赞自己觉得对方很棒的地方

只要说出自己内心的真实想法即可。如"这个包好棒！我也想要"、"你的皮肤变漂亮了"、"你的企划案真棒，很有说服力"等。没必要故意恭维对方，这样自己也能少几分压力。

平时不怎么想着称赞别人的话，真正到了要夸别人的时候会发现自己不知从何谈起。赞扬他人并非易事，需要在日常生活中多加练习。不妨为自己制订一个计划，例如每见到一个人至少找出对方身上三个值得称赞的地方,假以时日定会学会如何正确地称赞他人。

◆ 发现目标立即"下手"

最后这一点也是最基本的规则。发现对方某一方面比较好的话，要立即称赞！夸人也要勤快，很多"生手"往往会思前想后，"这也太假了吧"、"这一听就是在恭维啊"、"她要是误认为是性骚扰就不好了"等，最终也就错过了称赞的机会。

人天生喜好赞美之言，夸人的话再多也不过分，因此在赞美他人的时候不需要顾虑重重，多加练习自然熟能生巧，道理跟学英语一样，长年累月的练习之后，发音才能越来越标准。

理解了前面的四个原则，接下来就是实际运用了。

◆ 怎么夸男下属、男晚辈

男人是比较注重结果的，在夸他们的时候，实事求是、有理有据地指出他们哪些方面比较出众能使他们真正地开心。例如："正是因为你这次发表的内容很有说服力，我们才能拿到这份合同啊"、"你这份企划书写的不错，看来这3年你长进了不少啊"等。不过这些例子都是领导对下属"居高临下"式的夸奖，男人大多羞于表达自己的感受，在称赞他人时也多是陈述事实，要注意的是，不要对下属以外的人使用这种口吻。

◆ 怎么夸领导、前辈、同辈

在夸领导或者前辈的时候，当然也要实事求是，不过更重要

的是表达自己的感受，"你真是太厉害了！没有你我们绝对赢不
了"、"××的企划书果然就是不一样啊"之类的，首先表达出
自己的敬佩之情可以避免听起来有"居高临下"的感觉。

◆ 怎么夸女下属、女晚辈

由于女人比较注重过程，对她们的努力表示认同，如"我看
到了你的努力"，或者"周末都看到你在加班，你真是很拼啊"、
"你英语本来就不好还能做到这种地步，真的是了不起啊"，这
也表示出自己一直在关注她们。

◆ 怎么夸女领导、女前辈、女同辈

跟男人相同，对方是自己的同辈或者前辈的话，先谈自己的
感受："牺牲周末准备这些资料，你真是太了不起了"、"用英
语交流很难吧，你真不容易啊"等。

只有对身边的人有了细致入微的观察，才能在称赞他人时游
刃有余。我们可以准备好一些比较简短有效的话，例如"你好厉
害"、"佩服，佩服"、"果然名不虚传"等，随时准备好称赞他人。

男女小对话 赞扬对方

♂: 真是皇天不负有心人啊!

　　这里要注意过程与同感,避免俯视视角,要表现自己看到了她们的努力。

♀: 不愧是部长,一句话拿下×亿日元啊!

　　这里要注意列举数字与事实,避免俯视视角,表达自己的钦佩之情。

男人渴望被世界认同，女人渴望被圈子认同

不论男女都渴望被他人认同，然而这里的"他人"所指的对象相去甚远，男女的这种差异也表现在工作方式上。

男人渴望被他人认同，这个"他人"的范围相当广泛，因为他们内心渴望被整个世界认同。与其说他们渴望被他人认同，倒不如认为他们是渴望被崇拜，渴望有更大的影响力，渴望被更多人称赞。

男人的理想是干一番大事业从而名垂青史，享受无数陌生人的崇拜。这些在女人看来可能是痴人说梦，不过这确实是他们内心的真实想法，他们因此寻求更大的事业，担负更大的责任。

此外，男人渴望得到领导的认同，想要在事业上更上一层楼。这也是男人的纵向社会的显著特征。在棒球赛中，只有得到教练的许可后，队员才能站在击球手的区域，教练对他们的评价当然

会变得至关重要。

　　跟男人相对比，女人渴望被认同的范围就显得十分狭窄。这个范围包括朋友、邻居、公司同一个部门的人。与男人的"世界"相比，女人渴望被自己的交际圈所认同，换句话说，希望成为他人羡慕嫉妒的对象。

TIPS　　男人渴望被陌生人崇拜，女人渴望成为邻座女人羡慕的对象。

　　白河桃子[1]写过《相互攀比的女人们》一书，看了名字我们就知道，这本书讲的就是女人之间互相攀比的事。女人追求的是自己比别人漂亮，自己比别人幸福。此类比较无处不在，就算在小圈子里她们也会进行严格的排名，为的就是与他人一较高低。

　　因此，她们对怎么建立伟业、如何得到后人称颂没有丝毫兴趣，对那些看起来毫不实际的大事业不屑一顾，她们并不在乎能否得到陌生人的崇拜，她们想要的只是邻桌女人对自己欣羡的目光，抑或是成为晚辈崇拜的对象。

---

[1]　白河桃子，毕业于庆应大学文学部，评论家、记者、作家。

　　因此想要提起对方的干劲，就要肯定对方的能力。男人比较在乎上司对自己的看法，在表达了自己的敬佩之情后可以告诉他们："××领导也是这么认为的。"面对女人的话，要肯定她们的能力，并表达自己的羡慕之情。只要他们找到被认同的感觉，对工作的热情就会不断高涨。

男女小对话 在听同事讲自己的得意之事时

♂: 太好了，真羡慕你啊！

　　对于渴望成为众人羡慕对象的人，我们就给她羡慕的目光，不过要避免"居高临下"的口吻。

♀: ×× 也称赞你很棒呢！

　　夸他们很棒虽然已经足够满足他们，不过如果还想更进一步的话，可以告诉他们领导对他们的评价也很高。

| 场景六 |
男人喜欢开会，女人喜欢发言

　　在工作中，想要提出想法、联系他人、报告进度、确定方案的时候，会议是不可或缺的。不过对于男女共同参加的会议来说，双方多少都会对彼此有些不满，这主要是因为男女的发言方式不同。

　　对于男人来说，女人在会议上的发言像是冗长的电视剧，毫无重点，杂乱无章，过于关注自己的感受，这一切都让男人无法忍受。

　　在男人看来，会议原本是有目的性的谈话，定下目标，朝着目标进发才是正确的做法。但女人的大脑构造决定了她们要处理大量的信息与情绪。因此，即便她们清楚会议的目的，往往还是会不自觉地带入自己的个人情感，于是谈话就会逐渐地偏离原来的目标，变成个人的感想了。女人并不像男人那般擅长开门见山、

直奔主题的谈话方式。对于女人这种"低效率"，缺乏耐心的男
人往往会表现出些许的不耐烦。

　　而男人在会议上，往往不愿意直接发表自己的意见，导致工
作迟迟定不下来。对于这一点，很多女人无法接受。对于她们来说，
开会的目的就是大家相互交换自己的意见，经过一番商讨再得出
结论。

　　其实，男人不过多发言更多是为他们的前途着想。在他们看
来，拿出一个完全不可行的方案会让别人看扁自己，也会影响到
周围人对自己的评价。因此，即便有时他们有想要发言的欲望，
往往还是在观察四周的氛围后选择放弃。

　　也是出于同样的原因，男人不擅长"头脑风暴"。所谓头脑
风暴，就是指抛开自己固有的想法，放弃先入为主的观念，自由
发言，在意见交换中得出新的点子，找到问题的解决方法的做法，
这里的基本规则是不对对方的意见做任何评判。而男人时时在意
周围的看法，为了不输给对手，他们大都选择沉默。即便开口也
是小心翼翼，只挑对的讲，绝不会主动拓展话题。

　　这么看来，女人喜欢聊天，又重视关系和睦，让她们做头脑
风暴再合适不过，她们一定能拿出各种新奇的点子，由于她们尊
重彼此的意见，交流中必定能碰撞出各种思维的火花。因此在头
脑风暴陷入僵局的时候，不妨增加女性成员的人数，让她们带动
现场的氛围，使会议走出僵局。

　　此外，男人在会议中迟迟做不了决定，跟他们过分看重前途有着莫大的关系。他们往往担心自己提出的意见会影响自己在上司心目中的形象，纠结怎样做才能让上司对自己刮目相看。男人在批评女人发言毫无条理的时候，是否也应该同时反省一下自己的低效率与不断拖延呢？

　　TIPS　在会议上，男人不满于女人的没条理，女人不满于男人的拖延。因此，只有配合彼此的风格，才能取长补短，让工作顺利进行。

　　若想推动会议的正常进行，男人在责备女人之前有必要先审视一下自己，在需要发言的时候简洁发言，需要下决定的时候果断下决定，在这样的规则下，男人就会发现自己也并非心中所预期的那般条理分明。此外，男人也需要倾听女人的声音，说不定她们的发言中会出现许多新奇的点子。

　　当然，女人也是时候改变一下自己的说话方式了。讲话时控制自己的感情，不谈细节，报告实事求是，讲话中去掉多余的情绪与感受，发言会变得更加条理分明。如果女人感觉有条理地发言太难的话，可以借鉴男人开会时常用的词语，例如"我建议"、"总之"、"从结论来看的话"等。这样即使谈话内容跟以前并无二致，至少听起来比较有理有据，相信男人的不满也会少几分。

总而言之，男人并不是真的要求女人做到条理分明，只是不满女人不遵守男人社会发言的规矩，因此女人要做的只是让他们觉得自己是遵守规矩的。

对于不擅长总结的女人来讲，邮件绝对是非常得力的助手。在开会时尽量只讲要点，会议后再用邮件陈述具体细节。女人可能在口头陈述时会没完没了，发一封条理分明的邮件却是没问题的。不过在写邮件时也要注意尽可能简练，最好在发送之前多检查一下。

在考虑自己想法的同时，也需要注意配合对方的风格，工作才能更顺利地开展。女人尽量学习男人条理分明的发言方式，男人也要倾听女人的想法，双方相互配合才能让冗长的会议变得简短、高效。

男女小对话 会议上开口发言时

♂: 可能有点偏题，不过我想说……

在开口说话的时候尽量要委婉，讲一些大道理也未尝不可，也可以尝试对女人的谈话进行补充。

♀: 我想说的很多，不过简而言之……

在开口讲话的时候，这样会听起来比较简洁，即使自己讲的内容完全不简洁也没关系。讲话的时候分类概括会更好。

| 场景七 |

男人在乎职位，女人在乎氛围

　　会议进行到一定阶段，大家都拿不出好的主意而陷入僵局，气氛就会变得沉重，这时候人们都希望有个人能跳出来打破僵局。男女每次陷入沉默都是因为同样的理由：男人在顾忌职位高低，女人在顾忌现场的氛围。

　　男人所在乎的"排序"是指男人的纵向社会的上下关系。为了自己的前途，他们在开会的时候会观察是谁在主导会议，尽可能跟随意见较强的一方，使自己处于有利地位。

　　为此他们能面不改色地奉承上司，发言时也会时时看领导的脸色。虽然口口声声喊着重视效率，然而在领导面前，效率什么的都不重要。女人可能对男人的所作所为不屑一顾，不过对男人来说，开会是工作的重要部分，为了获得胜利他们不得不步步为营，尽量保持缄默，谨慎发言。

而女人们在乎的"气氛"指的是会议现场的氛围及与会人员的情绪。女人所生活的横向社会向来注重人际关系的和谐，因此她们更多关注的是如何让会议在愉快的氛围中开展下去。相对于发言的内容，他们更在乎大家的感受。也是这个原因，在会议上经常能听到听到"××的发言激怒了课长啊"、"你提案通过了是不是很开心啊"之类的声音，这是她们在捕捉周围人的情绪变化。能细心观察他人是件好事，不过她们对反对意见深恶痛绝，因此在察觉到对方的反对倾向之后，也可能会导致对话完全无法进行下去。

以和谐为己任的女人对负面的情感尤其敏感，比起自己的意见，她们倾向于把会议的和谐放在第一位。

TIPS

职场上，男人以胜利为己任，女人以和谐为己任。

说一些题外话，最近有一个别开生面的研讨会，叫"棉花糖挑战"。很多公司都将此列为研修内容，相信已经有很多人实际上挑战过。简单说一下规则，四人一队，每队分配二十根意面、九十厘米长的胶带与绳子，要求每个队伍用这些材料完成建筑模型的搭建，并在模型的最顶端放上棉花糖，在规定时间内，搭建模型最高的一队胜出。

　　事实上，在这个挑战中一般胜出的都是孩子们。

　　虽然成年男人会专注于怎么将建筑模型建得更高，他们能够利用自己的聪明才智，充分利用每一根意面，并且为此绘出详细的设计图。然而，在比赛开始的时候，他们会相互争夺团队的主导权，并因此浪费不少时间。最后，当他们信心满满地将棉花糖放到顶端的时候，却发现建筑模型不堪重负，最终轰然倒塌。这时候时间却已经所剩无几了。

　　而那些最终获胜的孩子们，往往没经过任何讨论，屡败屡战，他们在失败中早已察觉到棉花糖的重量会压塌建筑模型，并因此将基础搭建得更牢固。

　　成年女人的表现也不比男人强多少。她们只关注现场的气氛，对队友提出的意见一味附和，导致迟迟拿不出可行的方案，有时候看似确定了方案，最终却恍然发现，她们早已不记得这个方案是谁提出来的。

　　单靠男人或是女人已无法解决问题，因此在会议陷入僵局的时候，男女双方要向对方伸出援手，才能摆脱这种局面。例如，男人在表达意见之前总是会思前想后，怕被对手看扁。这时候就需要女人提出一些比较初步的意见来"抛砖引玉"。即便男人不能做到完全抛开面子来谈自己的想法，也能让他们少一点顾虑。

　　当然，只指望男人自由发表意见来打开局面也不大现实，这时候如果给大家送杯茶的话，相信女人感到的压抑也能得到一定的缓解。

会议上长久的沉默没有任何益处，只会让大家感到压抑，相互理解、活跃的会议氛围才能让工作更好地开展下去。

男女小对话 在会议陷入僵局的时候

♂: 我们还是休息一下吧。

当会议氛围变得比较沉重的时候，再怎么倡导自由发言也是徒劳。这时候可以上一杯咖啡休息一下，趁气氛缓和的时候再发言。

♀: 我想听听你的意见。

会议上大家都在大眼瞪小眼的时候，可以不经意地问问对方的意见，可能对方很乐意回答自己的问题，有时候甚至是求之不得。

男人工作时奋不顾身，女人工作时随机应变

在处理问题的时候，男人表现得比较顽固，女人表现得比较善变。

当男人下定决心做某事时，即使遭遇失败他们也不轻言放弃，坚持到底。男上司对他们的顽固往往无可奈何，而"善变"的女领导则会觉得难以接受。

从大脑构造来看，男人比较擅长朝着一个目标奋斗，由于他们的大脑各部分无法密切地配合，这决定了他们只能专注于单项任务。在工作上，他们只关注目标，朝着目标前进，往往忽视了目标以外的细节部分。而在规则或体系发生变化的时候，他们无法做出相应调整。对他们来说，这是一个致命的缺点。

而女人的左右脑联系较为紧密，能同时处理大量的信息。这一点往坏的方面说，她们无法集中注意力，无法抓住事物的本质，

但从好的方面看，她们能做到心细如尘，察觉旁人没注意的问题。虽然无法全身心投入到工作中，不过她们能迅速地适应新的规章制度。对待工作她们也没有明确的目标，往往喜欢随机应变。

男女差异小图解

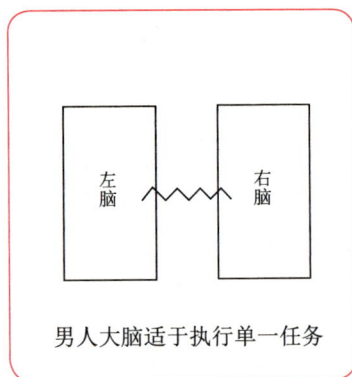

男人大脑适于执行单一任务　　　　女人大脑可以处理多项任务

（图：左脑——右脑）

男女对待工作的态度天差地别，相互之间无法理解也在情理之中了。

TIPS

在工作习惯上，男人善于专注，女人善于应变。

在这里，我们并非讨论哪一方的工作方式更胜一筹，不过近年来职场的变化日新月异，男人确实需要向女人学习如何随机应变。为了应对市场的变化，今后的公司往往更倾向录取那些敢于尝试、不怕犯错的人。而一味努力不懂变通的人终将被淘汰。

诚然，男人不擅长变通，但女人若是愿意给予他们更多的理解与帮助的话，相信男人也能更好地适应新环境，全身心地投入到工作之中。因此，在男人只顾朝目标奋斗而忽视细节的时候，女人不妨给他们以善意的提醒，或者给他们一些有效的意见，不过在提意见时要注意方式和方法。

由于过分重视细节，女人往往在追求细节的过程中迷失自己的目标。例如在做资料的时候，她们的目标是出色地完成发表然后拿到项目。在准备发表时，她们开始在意PPT的样式，反复挑选直至满意，然后又发现图片不够漂亮，于是又花上几个小时挑选图片，选着选着突然发现距截止日期没剩几天了，而自己的准备工作才完成了一半。到了最后发表结果的时候，往往前半部分十分出色，后半部分就差强人意了。因此在这方面，女人需要向男人学习，全心全意朝目标前进，这样一定能在工作上取得更好的平衡。

TIPS

男人只能看见目标，女人常会迷失目标，互相学习才是取胜之道。

　　在女性同事过分纠结细节的时候，男人应该多一些宽容，若能对她们的细心给予肯定，一定能激起她们的干劲，使她们朝着目标继续前进。为了让她们更好地完成目标，男人不妨对她们的工作进展状况进行跟踪，对她们的工作进行时间管理，规定她们每天必须完成的任务。

　　此外，也可以给她们提出一个"暂定对策"的概念：先暂且这样试试看。"暂且"这个词在她们的字典中的意思是还有机会修改，没必要在细节上做到百分之百。于是在开展工作时，她们关注更多的是整体效果，因为细节部分还有修改的机会。如此一来，她们工作的效率也会大大提升。

　　与工作方式不同的人共事并非易事，相互抱怨只会让工作止于现状，积极包容对方的缺点才能更好地合作。

男女小对话 向对方施以援手的时候

ⵙ: 不管那么多，我们先开始再说。

在对方顾虑过多而久久无法开始的时候，告诉她们还有修改的机会，她们的疑虑定会消散无踪。

ⵙ: 让我们梳理一下当前的状况吧。

在对方走进死胡同的时候，不妨帮助他们分析一下当前的状况，再为他们准备一些相关资料，他们一定会对自己及时伸出援手的行为感激不尽。

男人倾向概括化，女人倾向具体化

　　男女思维方式的不同，使男人习惯根据规则与规律来推出事物的普遍性，女人则倾向于根据个别例子将事情进行具体化。思维方式上的差异，让男女在交流时常感到与对方话不投机。

　　同时，男女对话的目的也完全不同。女人天生是话匣子，她们乐于与同伴交换八卦信息，不论是开心还是不开心，她们都渴望找个人一起分享。这种分享的欲望使得她们在聊天时不放过每一个细节，当然这一切都只是为了让对方能真正理解自己的感受。

　　女人间的闲聊常常只是简单的信息交换，而男人的对话往往更像是一场比赛，谈话间哪方抢先得出结论，那一方就会获得胜利，得出胜负便是对话的终点。男人为了赢得这场"比赛"往往会迅速使出绝招，尽快为话题下结论，这也是为什么在男人的对话里，我们经常会听见"总而言之"、"换言之"、"普遍来看"

之类的字眼儿。男人的急于求成，这使得他们对毫无目的的女人式聊天倍感煎熬，他们无法体会到女人聊天的乐趣。

男女差异小图解

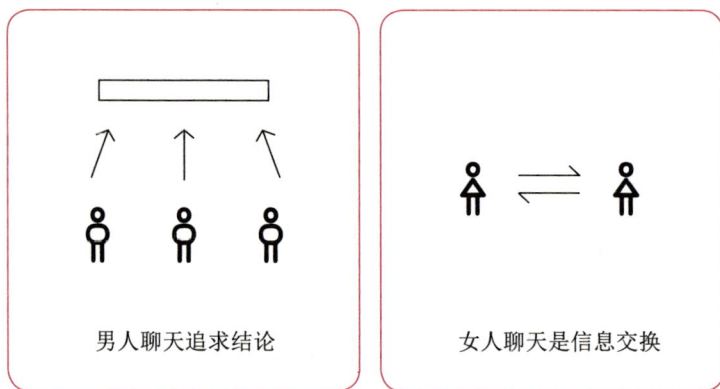

男人聊天追求结论　　　　女人聊天是信息交换

男人在做出判断时讨厌拐弯抹角，在他们眼里只有结果，为了能更简单高效地推行工作，他们倾向于在个例之间找出事物的规律，最好是能总结出一个通用的规则，其后只需要按规则行事足矣。此外，不时喜欢引用名言也是他们追求概括化、大众性的表现，他们希望将具体的个例纳入到自己这个通用的规则中，以达到一劳永逸的效果。

这么说来，从事经营顾问的人一般擅长并乐于找出这样的规则（这也是他们的工作）。由于工作需要他们有理有据、高效，这种机械地开展工作是比较偏男性化的。我认识的朋友就有几个人从事这样的工作，他们常把"总而言之"挂在嘴边，遇到什么事都倾向于将其纳入自己共通的规则之中。

女人的大脑在下判断之前，比较注重具体的过程，她们大多无视已成的规则，认真对待每个个案，也正是因此，不论事态如何发展，她们也能轻松随机应变。

不过，过分注重细节让女人变得容易迷失目标，她们常作为"只见树木，不见森林"的典范，并因此为男人诟病。女人对男人的"概括化"也不甚理解，由于擅长具体问题具体分析，在她们看来，不可能有规则适用所有情况。而男人也不赞同女人只会临场发挥，毫无计划性。

TIPS 　　在说话特点上，女人聊天追求持续，男人聊天追求胜负。

在与异性聊天时放下争端，了解对方的思维特点再进行对话，彼此的沟通才能更为顺畅。

首先，男人要跟随女人的谈话节奏，做好"持久战"的准备，尽量照顾她们的感受，多讲细节。举个例子，需要完成一百万日元的销售额的时候，在通知她们结果之前，不如多做些铺垫。比方说："今天正要去吃午饭的时候，被部长叫住了，要求我们下个月要完成一百万日元的销售目标，然后我就想到了你，你不是最擅长销售吗……"这样一个完整的故事虽然比较费时费力，却能让女人欣然接受。

女人在与男人对话时也不要期待他们能与自己促膝长谈，讲话内容尽量简短，直奔结论，多使用"总而言之"、"普遍来看"之类的字眼儿，说话内容尽量抽象。

在谈对策时，跟他们说"具体问题具体分析"、"随机应变"等言论的话，大多会引起他们的鄙夷，因为这样的言论在他们看来完全没有经过思考（也有例外）。女人只需要告诉他们要以什么方案解决，他们便会满足。因为在他们看来，一切有规律可循才是最重要的。

在速度即效益的职场，男人的概括化思维更有利于工作的高效开展。而在需要创意的时候，女人的具体化思维也能起到很大的作用。能同时掌握两种状态并且切换自如的话，算是比较理想的状态吧。

TIPS　　想要好好聊天，那就跟女人打持久战，跟男人打结论战。

男女小对话闲聊时

♀：最近出了这样一件事……

　　女人之间的对话一般都开始于日常生活的小插曲，在对话之前要多加铺垫，切勿将自己的意见强加于人。

♂：最近热门新闻的 ×× 你知道吗？

　　男人之间的对话多以新闻信息开始，跟他们聊聊当天的新闻，谈话时要尽量表现出客观冷静。

男人惧怕同辈，女人惧怕后辈

之前经常提到男人适应纵向社会，而女人在横向社会里如鱼得水。不过凡事都有例外，男女都有自己难以应付的天敌。

对于重视排序的男人来说，最简单易懂、易于相处的莫过于比自己年长的上司、比自己年少的下属了。对上司殷切地奉承，对下属不时地褒奖，这套纵向社会的处事方式他们早已驾轻就熟，对他们来说小菜一碟。

不过同辈却是个例外，男人在同辈面前往往手足无措，因为他们既不是前辈也不是后辈，并且大部分同辈之间都存在竞争关系。在年龄上难以分出高低的话，彼此自然只能是竞争对手了。在同期聚会上，这种竞争表现得十分明显：相互夸耀自己的工作，引用他人对自己的评价，你争我抢，毫不相让。当然，这种竞争也能为公司带来活力。

　　事实上，男人并不觉得女人会威胁到自己的地位，虽然这么说有点失礼，不过他们确实在潜意识里不把女人当对手，因此他们能正常地与女性同辈做朋友。此外，无法按照纵向社会规则排序的人也让他们感到很头痛，比如硕士毕业所以比自己年长的同辈，在注重成果而不在意年龄排序的公司里比自己年轻的上司等。

　　女人的话，比较惧怕比自己年轻貌美的后辈。在一派和睦的横向社会里，大家可能觉得女人没必要计较他人的年龄。不过世人多追求年轻貌美的女人，年长者便免不了要受冷落。那些年轻女人虽然工作能力有所欠缺，但在某些人眼中的价值却远在年长者之上，女人对此产生复杂的情感也算合情合理。很多女人表面上对年轻女人和善友好，其实内心嫉妒之火早已在熊熊燃烧。为了掩饰自己的妒忌，她们往往一副大妈的口吻，时不时感慨一下"岁月催人老"、"长江后浪推前浪"之类的话。在外人看来，女人这种敢妒不敢言的行为显得有些阴阳怪气，明显的话里有话。女人之间的关系真是一言难尽啊！

TIPS　　男人惧怕"不按常理出牌"的同性，女人不喜欢年轻貌美的同性。

为了克服相处的障碍，男女都要保持"不远不近"的意识。

对待男性同辈，不要把他当竞争对手，只把他们看作同辈就好，与他们保持和睦的关系，做到不远不近。如此换个思维，就会发现同辈也可以为自己所用。若能与他们处好关系，他们完全可以是消息的来源，在遇到强劲的对手时，同辈也能是坚实的靠山。为了一时的意气之争，就此失去工作伙伴实在得不偿失。因此女人看到同辈男性相互争斗时，不妨当一下和事佬，与他们讲清利害关系，一定能让他们尽快认清现实。

与男人相反，女人完全不必跟其他的女人成为朋友，这里不光指比自己年少的女人，也包括女性同辈。女人要认识到，在一起工作并不是因为合得来，而是因为偶然被分进了同一家公司，仅此而已。感觉与同事无法相处再正常不过，只要不对工作造成影响，像男人那般冷漠点也无妨。在人际关系上，少一点"老好人"的"好"，相信人际关系的烦恼便会烟消云散，更不必担忧如何应对比自己年轻貌美的女人了。

精神世界充实、坦然的女人往往更受女人欢迎，大概是因为大多数女人都不具备这样的品质。因此，女人可以与其他人保持一定的距离，不需要扮演"老好人"，不欺压、不奉承，做自己就好。

男人也要在不破坏女人横向社会和谐的前提下，站在纵向社会的角度上对女人进行关照。例如女人在指导晚辈的时候，对她们的教导进行肯定，并表达自己的感谢。女人感到自己被肯定时，对新来的年轻后辈就不会产生过多的嫉妒之感。

同性间的交流并不比异性间的交流容易，同性之间的交流也是人们需要认真思考的一个问题。在不越界的前提下，男女相互帮助也很重要，对共同构建和谐的职场氛围也有重大的意义。

男女小对话 提及对方不喜欢的人的时候

👤: ×× 还有很多欠缺的地方，你能帮我教教她吗？

不管是夸她们年轻，还是将她与后辈同等对待都会招致对方的不悦，职场上看的不是年龄，主要还是工作技能。

👤: 同辈的朋友真好啊！

在对方面前随意谈论同辈中谁比较有希望出人头地是绝对禁止的，如果男人表明自己跟同辈并非朋友关系，也不代表他们对同辈有什么不满。

| 后记 |

怎样跟与自己不同的人交往

关于男女差异的常识

　　大家在平日生活中是否经常听到这样的对话："我就是怕男（女）的这一点"、"你看，女人就是喜欢凭感觉"。

　　当然，诸如男人的上进心、女子魅力、男子汉、好女人之类的字眼也不少，它们无一不是以男女差异对人们进行分类。因此我们常用"像个男人"或"像个女人"来形容别人。

　　这是因为现代社会发生了巨大变化，早前的男女划分和固定看法已经无法应对现在的生活。因此，在进行评判之前，对男女的区分应该有一个新的标准与原则，而本书也旨在将区分男女的标准与原则重新进行整理。

　　一般来说，拥有怎样的特征才算是比较男人化呢？而作为女人常受人关注的又是哪些特征呢？在此，我将会以各种角度对男女差异进行剖析和总结，希望给大家一个参考。

从三点看男女

此书作为"男女学入门书"，大致可以从以下三点出发进行分析。

第一点是本能，从生理方面进行探究。从脑科学与生物学的角度出发，讲述雄性与雌性的差别。在这里我们将会追溯到石器时代，对狩猎习惯、生殖的本能、大脑的构造、荷尔蒙的构成进行——分析。

第二点是从社会方面进行探究。因为人类不再是原始时代的雄性与雌性动物，而是文明高度发展的具有社会性的现代人类。所以男女的差异具体包含婚姻生活中的男女、职场上的男女、交流中的男女等。

第三点是从现代的日本进行探究。日本作为发达国家，女人走向社会的时间却晚于其他国家。这里将会讲述男女的传统生活方式如何一直延续至今，又受到怎样的伦理约束。此外，还描述了一些文学作品与日常生活的小插曲。

大多的书会就以上三点中的一点作为贯穿全书的主线展开叙述。而本书将三点进行混合，取其精华后展现给大家。作为通俗

易懂的"男女学入门"，本书没有一味拘泥于学术上的准确性，
而是将重点放在实用性上，希望大家在读完本书后能有所启发。

男女区分只是形式主义吗

在经过一番自我剖析后就会发现，我们几乎不可能简单粗暴
地将男女按照性别分为两类，总有些人性格与性别不符，如何对
这些人分类是一个值得深思的问题。因此，我们需要颠覆以往的
标准来对男女进行重新定义。由此我们会发现，区分男女人格与
血液占卜有一定的相似之处。

按照本书的各个项目进行自我剖析的话，大家会发现自己的
性格中或多或少有些与自己的性别相偏离，有些项目描述十分准
确，而有些项目却与自己的状况完全相反，许多人由此感到愠怒，
这都在情理之中。不过这本书的目的并不是让大家检测这些项目
的准确性（虽然大家能享受这个过程，也确实让我觉得开心），
大家关注的应该是与自己性别不合的部分，然后再思考如何在这
方面进行改善，这才是本书真正的目的所在。

在每一个情景的结尾我都会教大家如何更顺畅地与异性进行
交流，还会以小对话的形式为大家模拟出真实的场景。这里我们
讲到的男人和女人，并不是传统意义上按性别区分的男女，而是
性格偏向相似的同一类人。例如，在男人粗心，女人细心这一节里，

"男人"指的是"粗心的人",而"女人"指的是"细心的人"。其他章节里面也是同理。

换言之,这里只是将人们的性格大致分为 A、B 两类,根据 A、B 两种性格的差异分别给出不同的建议,使相异的两类人能更顺畅地沟通。而在此书中,只不过是将 A、B 的特征放在称为男、女的两个不同容器里而已。

怎样与自己不同的人相处

在这个意义上,此书中的男女也可以理解为异性,或是与自己想法不同的人,再者可能是与自己说话方式完全相反的人。

对于与自己完全不同的人,就不要奢望能与他们心意相通了。认清这个现实之后,不刻意改变彼此,才是和谐共处的基础。

跟一个人话不投机时该做些什么?答案是尝试跟对方搭话,哪怕只是只言片语,交流一旦开始就会渐渐持续下去,往往会带给人比较意外的结果。

若是去俄罗斯旅行,语言不通就只能照着旅游指南上面写的 Здравствуйте(您好)、Кофе,Пожалуйста(给我一杯咖啡)来沟通。此时此刻,了解当地的文化,跟当地人交流都不再重要,眼前要紧的是照着旅游指南点一杯咖啡,即便口音在他人听起来比较滑稽也无所谓。当然,如果能对那个国家历史背景与文化进行深入地了解就更好了，但人们普遍都不是这方面的学者，当然不能严苛地要求他们。同样的道理，大多数人在工作和家庭的日常交流时，不过是流于形式，只是勉强做好表面功夫便万事大吉。但我们若是将表面问题处理妥善，进一步达到心意相通也是水到渠成。

与自己天差地别的异性

男女心意相通几乎是不大可能的事，就像人们再怎么努力学习俄语，也不可能成为俄罗斯人。不过，若是掌握了这门语言，至少可以跟俄罗斯人一起喝咖啡，毫无障碍地进行交流，这在沟通中具有极其重大的意义。

不过我们还是要不厌其烦地强调，此书中的男女异性指的是与自己性格相异、话不投机、无法相互理解的人。

只与想法相似，聊得来的同道中人交流当然是件愉快的事，然而这样也是在某种程度上把自己限制在某个特定的圈子里，只与易于沟通的人交往会让自己的视野渐渐变得狭窄。因此有时候，我们有必要与那些"异性"进行交流，试着与他们聊聊。这本书便是写给那些尝试与"异性"交流的人。

有些人可能认为学习交流最见效的方法便是去异国他乡，与文化背景完全不同的人交流。诚然，这样做确实会学到很多，不过看看身边那些在各方面与自己截然不同的"外星人"，他们又何尝不是自己可以努力的对象呢？在日常生活中，对于他人的言行感到完全无法理解时，不妨思考一下这背后的原因。

　　衷心祝愿，那些努力尝试与他人沟通且不轻言放弃的人，最终都能有一个圆满的人际关系。

2014 年 7 月

五百田达成

图书在版编目（CIP）数据

    亲爱的，幸福没那么难 ／（日）五百田达成著；田梦凡译.
— 北京：北京联合出版公司，2016.6
    ISBN 978-7-5502-7295-8

    Ⅰ．①亲… Ⅱ．①五… ②田… Ⅲ．①心理交往－通俗读物
Ⅳ．①C912.1-49

中国版本图书馆CIP数据核字(2016)第057873号
北京市版权局著作权合同登记号：图字01-2016-1153

察しない男　説明しない女　五百田達成
"SATSUSHINAI OTOKO SETSUMEISHINAI ONNA" by Tatsunari Iota
Copyright©2014 by Tatsunari Iota
Original Japanese edition published by Discover 21, Inc., Tokyo, Japan
Simplified Chinese edition is published by arrangement with Discover 21, Inc.
through ERIC YANG AGENCY

亲爱的，幸福没那么难

作   者：五百田达成
出版统筹：新华先锋
责任编辑：孙志文
策划编辑：刘思懿
封面设计：王 鑫
版式设计：王 玥 杨祎妹

北京联合出版公司出版
（北京市西城区德外大街83号楼9层 100088）
北京慧美印刷有限公司印刷 新华书店经销
字数120千字 620毫米×889毫米 1/16 15印张
2016年6月第1版 2016年6月第1次印刷
ISBN 978-7-5502-7295-8
定价：36.00元